本書係「敦煌文獻系統性保護整理出版工程」項目成果

二〇二一—二〇三五年國家古籍工作規劃重點出版項目

「十四五」國家重點出版物出版規劃項目

國家古籍整理出版專項經費資助項目

中國國家圖書館藏敦煌文獻

中國國家圖書館　編

第八〇册

BD01188～BD01200

國家圖書館出版社

DUNHUANG MANUSCRIPTS IN THE NATIONAL LIBRARY OF CHINA

080

BD01188 ~ BD01200

compiled by the

National Library of China

National Library of China Publishing House

顧　問　方廣錩　郝春文　榮新江　李際寧

編纂出版　張志清　魏　崇　陳紅彥　殷夢霞　薩仁高娃
謝冬榮　劉　波　林世田　廖生訓

編　纂　林世田　薩仁高娃　常蓋心　于　瑞　劉毅超
烏心怡　劉　波　劉炳梅　周升川　劉　婷
程佳羽　沈艷麗　高　雅

編　輯　潘　竹　程魯潔　黃　鑫　苗文葉

審　稿　孫　彥　耿素麗　宋志英　鄧咏秋

凡例

一　本書刊布中國國家圖書館藏敦煌文獻，以館藏編號爲序編排。

二　館藏編號采用「BD+流水號」格式，如BD00001, BD16579等。背面在編號後加v表示。一個編號包含多件文獻者，編號後分别綴以字母A, B, C等。一件文獻含有多個内容者，以數字-1, -2, -3等標明順序。

三　圖版有縮印或放大處另加説明，尺寸超出本書幅面的以摺葉形式呈現。

四　卷軸裝、梵夾裝、經摺裝等裝幀形制的敦煌文獻，各附外觀圖像。

五　每件文獻依次呈現外觀、正面、背面等。背面僅刊布有文字、圖像或其他要素的圖版，而略去素紙部分，背面圖版同樣以從右到左順序編排。凡有外題者，遵從以上原則。

六　除個别特殊情况外，爲保證閲讀連貫、流暢，圖版儘量通欄呈現。

七　各葉上方附該件文獻全圖，以高亮形式顯示本葉大圖在全卷中的位置。部分長卷文獻全圖衹能分多段呈現時，在上段末以❮符標示下段接續。卷尾内容不足一葉時，文獻全圖使用該圖卷尾部分，亦以❮符標示。背面圖版文字與正面文字方向相反時，文獻全圖按原貌顯示，正文翻轉呈現，以便閲讀研究，用⟲符標示。

八　文獻題名大體沿用中國國家圖書館此前所編多部敦煌文獻目録的考證，部分吸收學界最新研究成果略作調整和完善。文獻題名綜合參考原卷首題、尾題、外題確定，如原卷題名與該文獻正式名稱不同，則采用正式名稱；無題名者，或比定題名，或擬定新名。非漢文文獻在題名前標注語種。有分卷不同等其他情况者，括注於文獻名稱後。

九　本書著録使用通行繁體字，涉及原文中的人名、地名等，必要時保留原字形。

About this publication

1. The documents are presented in shelfmark order.
2. The shelfmarks are in the form BD plus a running number, eg. BD00001, BD16579, &c. If a given shelfmark contains multiple documents, these are distinguished by the letters A, B, C, &c. If a document has multiple contents, they are distinguished by the numbering 1, 2, 3, &c. The verso side of an item is indicated by the letter v.
3. If it has been necessary to reduce or enlarge the size of an illustration, the dimensions are indicated. If the size of an illustration exceeds the size of the book, a folding sheet is used.
4. If the document is a scroll, a folded sutra, or has a stitched binding, a picture of the whole object is provided to show its external appearance.
5. The cover, front, and back of each document are reproduced in sequence. The back of a document is only reproduced if it contains text, illustrations, or other markings, and it is oriented from right to left. If it is blank it is not reproduced.
6. Except in a few special cases, the lines of text are reproduced unbroken to make them coherent and easier to read.
7. An illustration of the complete document is reproduced at the top of each page, and the section where the main illustration appears is highlighted in order to indicate its position. If it has only been possible to reproduce a long scroll in sections, the direction symbol ◀ has been used to indicate where one illustration ends and the next one begins. If the end of the scroll occupies less than one page, the direction symbol ◀ is used to indicate its position in the illustration of the complete document. If the text on the back of the document has a different orientation from the text on the front, it is reproduced as it is, but is also rotated (indicated with the rotation symbol ◉) so that it can be read easily.
8. The titles of the documents generally conform with those already established by the Library, but in some cases have been amended by drawing on the most recent scholarly research. The titles are derived firstly from the beginning of the text, then from the end of the text, and lastly from the cover. If the title of a document differs from its authoritative form, the authoritative form is used; and if a document has no title, one is either supplied by comparison with similar documents, or a new one is devised. If the document is not in Chinese, its language is indicated before the title. If the number of juan is different from that of the authoritative version, or if there are other irregularities, this is noted.
9. The documents in the book are in traditional Chinese characters. Where the title contains personal or place names, the original characters used for these names are retained.

(Translated by David Helliwell)

第八〇册目録

BD01188 大般涅槃經卷二五

（北涼）曇無讖 譯

159.4cm × 28cm

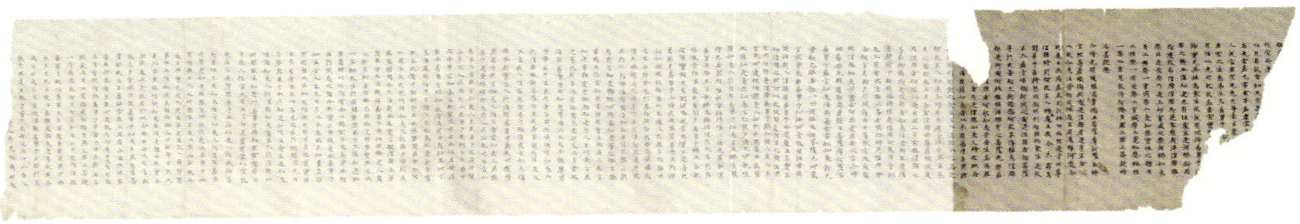

俱□
作空而是
以无有故當知无空是□
名无常若无常者不名虛空□
人説言虛空无色无㝵常不變□
虛空之法爲弟五大善男子然
有性以光明故故名虛空實□
諦實无其性爲衆生故説有世諦善男子□
槃之體亦復如是无有住處直是諸佛斷煩
惱處故名涅槃涅槃即是常樂我淨涅槃雖
樂非是受樂乃是上妙寂滅之樂諸佛如來
有二種樂一寂滅樂二覺知樂實性之體有
三種樂一斷受樂二寂滅樂三覺知樂佛性

名菩提樂
尒時光明遍照高貴德王菩薩摩訶薩白佛
言世尊若煩惱斷處是涅槃者是事不然何
以故如來往昔初成佛道至尼連禪河尒
時魔王與其眷屬到於佛所而作是言世尊
涅槃時到何故不入佛告魔王我今未有多
聞弟子善持禁戒聰明利智能化衆生是故
不入若言煩惱斷滅之處是涅槃者諸菩薩
等於无量劫已斷煩惱何故不得稱為涅槃
俱是斷處何緣獨稱諸佛有之菩薩无耶若
涅槃者何故如來昔告生名婆羅
此身即是涅槃如來又時在毗舍
旬復啟請如來昔以未有弟子多聞持

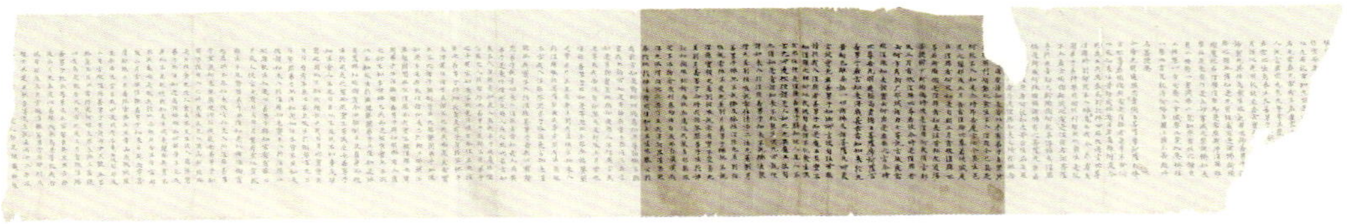

魔後啟請如來昔以未有弟子多聞持
戒聰明利智能化衆生不入涅槃今已具足
何故不入如來尒時即告魔言汝今莫生邑
遅之想却後三月吾當涅槃世尊若欲滅度
非涅槃者何故如來自期三月當般涅槃世
尊若斷煩惱是涅槃者如來往昔初在道場
菩提樹下斷煩惱時便是涅槃何故復言却
後三月當般涅槃世尊若欲尒時是涅槃者
云何方為拘尸那城諸力士等說言後夜當
般涅槃如來誠實云何出是虛妄之言尒時
世尊告光明遍照高貴德王菩薩摩訶薩言
善男子若言如來得廣長舌當知如來於无
量劫已離妄語一切諸佛及諸菩薩凡所發
言誠實无虛善男子如汝所言波旬往昔啟

說於我入涅槃者善男子是魔波旬亦復不
知涅槃之相何以故波旬意謂不化衆生嘿
然而住便是涅槃善男子譬如世人見人不
言无所造作便謂是人如死无異魔王波旬
亦復如是意謂如來不化衆生嘿无所說便
謂如來入於涅槃善男子如來不說佛法衆
僧无差別相唯說常住清淨二法无差別耳
善男子佛亦不說佛及佛性涅槃无差別相
唯說常恒不變无差別耳善男子佛亦不說
涅槃實相无差別相唯說常有實不變易无
差別耳善男子尒時我諸聲聞弟子生於諍
訟如拘睒彌諸惡比丘違返我教多犯禁戒
受不淨物貪求利養向諸白衣而自讚嘆我
得无漏謂須陁洹果乃至我得阿羅漢果毀
辱於他於佛法僧戒律和上不生恭敬 公於

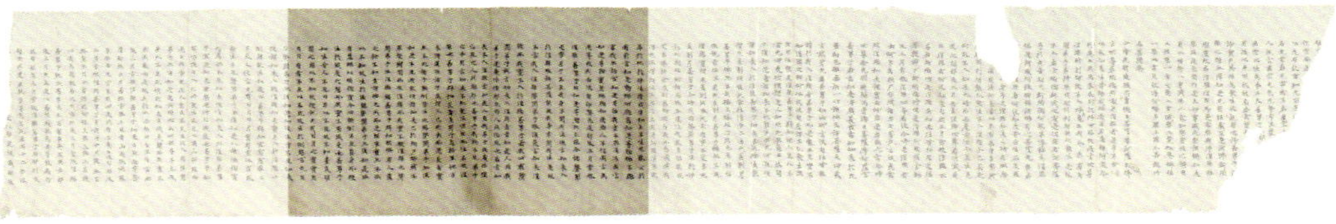

辱於他 於佛法僧戒律和上不生恭敬 亦於
我前言如是物佛所聽畜如是等物佛不聽
畜我亦語言如是等物我實不聽復返我言
如是等物實是佛聽如是惡人不信我言為
是等故我告波旬汝莫邑遲却後三月當般
涅槃 善男子曰如是等惡比丘故令諸聲聞
受學弟子不見我身不聞我法便言如來入
於涅槃雖諸菩薩能見我身常聞我法 是故
不言我入涅槃聲聞弟子雖復發言如來涅
槃而我實不入於涅槃善男子若我所有聲
聞弟子說言如來入涅槃者當知是人非我
弟子是魔伴儻邪見惡人非正見也若言如
來不入涅槃當知是人真我弟子非魔伴儻

槃也善男子譬如長者多有子息捨至他方
未得還頃諸子並謂父已死矣而是長者實
亦不死諸子顛倒皆生死想聲聞弟子亦復
如是不見我故便謂如來已於拘尸那城娑
羅雙樹閒而般涅槃而我實不般涅槃也聲
聞弟子生涅槃想善男子譬如明燈有人覆
之餘不知者謂燈已滅而是明燈實亦不滅
以不知故生於滅想聲聞弟子亦復如是雖
有慧眼以煩惱覆令心顛倒不見真身而便
生於滅度之想而我實不永滅度也善男子
如生盲人不見日月以不見故不知晝夜明
闇之想以不知故便說无有日月之實實有
日月盲者不見以不見故生於倒想言无日

日月盲者不見以不見故生於倒想言无日
月聲聞弟子亦復如是如彼生盲不見如來
便謂如來入於涅槃如來實不入於涅槃以
倒想故生如是心 善男子譬如雲霧覆蔽日
月癡人便言无有日月日月實有直以覆故
衆生不見聲聞弟子亦復如是以諸煩惱覆
智慧眼不見如來便言如來入於涅槃善男
子直是如來現嬰兒行非滅度也善男子如
閻浮提日入之時衆生不見以黑山鄣故而
是日性實无沒入衆生不見生沒入想聲聞
弟子亦復如是爲諸煩惱山所鄣㝵不見我
身以不見故便於如來生滅度想而我實不
取滅度也是故我於毗舍離國告波旬言却
[illegible]如來[illegible]見迦葉菩

阿[illegible]
竟安居已當至我所是故我告魔王波旬却後
三月當般涅槃善男子有諸力士其數五百
終竟三月亦當得發阿耨多羅三藐三菩提
心我爲是故告波旬言却後三月當般涅槃
善男子純陀等輩及五百梨車菴羅果女却
後三月无上道心善根成熟爲是等故我告
波旬却後三月當般涅槃善男子須那剎多
親近外道尼乾子等我爲說法滿十二年被
[illegible]近人耶見根栽却後

BD01189 維摩詰所說經卷中

（後秦）鳩摩羅什 譯

BD01189v 雜寫

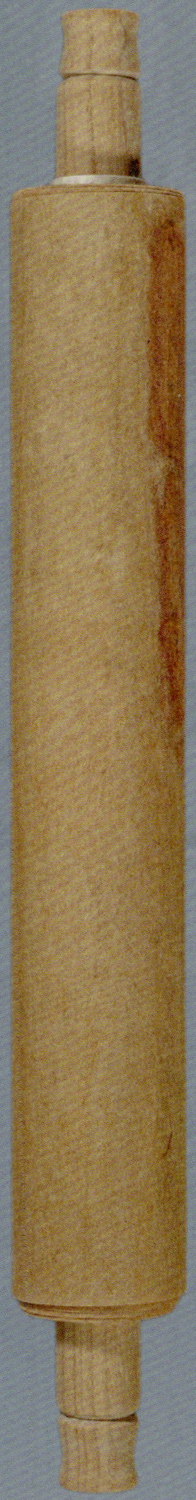

407.5cm × 24.5cm

思議解脫菩薩斷取三千
輪著右掌中擲過恒河沙世界之外其中眾
生不覺不知己之所往又復還置本處都
不使人有往來想而此世界本相如故又舍利
弗或有眾生樂久住世而可度者菩薩即演
七日以為一劫令彼眾生謂之一劫或有眾
生不樂久住而可度者菩薩即促一劫以為
七日令彼眾生謂之七日又舍利弗住不可
思議解脫菩薩以一切佛土嚴飾之事集在
一國示於眾生又菩薩以一佛土眾生置之
右掌飛到十方遍示一切而不動本處又舍
利弗十方眾生供養諸佛之具菩薩於一毛
孔皆令得見又十方國

[illegible]又舍利弗十方世界所有
諸風菩薩悉能吸着口中而身无損外諸樹
木亦不摧折又十方世界劫盡燒時以一切
火内於腹中火事如故而不爲害又於下方
過恒河沙无數世界如持針鋒舉一棗葉而
无所嬈又舍利弗住不可思議解脫菩薩能
以神通現作佛身或現辟支佛身或現聲聞
身或現帝釋身或現梵王身或現世主身
或現轉輪聖王身又十方世界所有衆聲上中下
音皆能變之令作佛聲演出无常苦空无我
之音及十方諸佛所說種種之法皆於其中
普令得聞舍利弗我今略說菩薩不可思議
解脫之力若廣說者窮劫不盡是時大迦葉
聞說菩薩不可思議解脫法門歎未曾有

BD01189　維摩詰所說經卷中

聞說菩薩不可思議解脫法門歎未曾有
謂舍利弗辟如有人於盲者前現衆色像非彼
所見一切聲聞聞是不思議解脫法門不
能解了爲若此也知者聞是其誰不發阿耨
多羅三藐三菩提心我等何爲永絶其根
於此大乘已如敗種一切聲聞聞是不可思議
解脫法門皆應號泣聲震三千大千世界一
切菩薩應大欣慶頂受此法皆有菩薩信解
不可思議解脫門者一切魔衆无如之何大
迦葉說是語時三萬二千天子皆發阿耨多
羅三藐三菩提心
尒時維摩詰語大迦葉仁者十方无量阿僧
祇世界中作魔王者多是住不可思議解脫

目髓腦血肉皮骨聚落城邑妻子奴婢象馬
車乘金銀瑠璃車渠馬瑙珊瑚虎珀真珠珂
貝衣服飲食如此乞者多是住不可思議解
脫菩薩以方便力而往試之令其堅固所以者
何住不可思議解脫菩薩有威德力故行
逼迫示諸眾生如是難事凡夫下劣无有
力勢不能如是逼迫菩薩譬如龍象蹴踏非
驢所堪是名住不可思議解脫菩薩智惠
方便之門

觀眾生品第七

尒時文殊師利問維摩詰言菩薩云何觀於
眾生維摩詰言譬如幻師見所幻人菩薩觀
眾生為若此如智者見水中月如鏡中見其

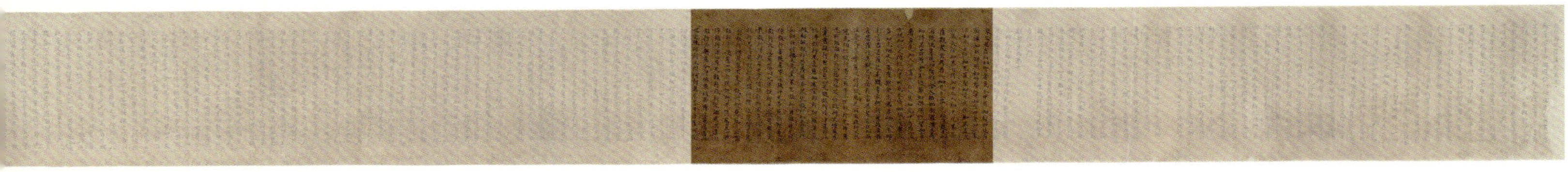

衆生為若此如智者見水中月如鏡中見其
面像如熱時焰如呼聲響如空中雲如水聚
沫如水上泡如芭蕉堅如電久住如第五大
如第六陰如第七情如十三入如十九界菩
薩觀衆生為若此如无色界色如燋穀牙如
須陁洹身見如阿那含入胎如阿羅漢三毒
如得忍菩薩貪恚毀禁如佛煩惱習如盲
者見色如入滅盡定出入息如空中鳥跡如石
女兒如化人煩惱如夢所見已寤如滅度者受
身如无烟之火菩薩觀衆生為若此文殊師
利言若菩薩作是觀者云何行慈維摩詰
言菩薩作是觀已自念我當為衆生說如斯
法是即真實慈也行寂滅慈无所生故行不熱
慈[illegible]

竟盡故行堅固慈心无毀故行清淨慈諸法
性淨故行无邊慈如虛空故行阿羅漢慈
破結賊故行菩薩慈安衆生故行如來慈得
如相故行佛之慈覺衆生故行自然慈无因
得故行菩提慈等一味故行无等慈斷諸愛
故行大悲慈導以大乘故行无厭慈觀空无
我故行法施慈无遺惜故行持戒慈化毀禁
故行忍辱慈護彼我故行精進慈荷負衆
生故行禪定慈不受味故行智慧慈无不知時
故行方便慈一切示現故行无隱慈直心清
淨故行深心慈无雜行故行无誑慈不虛假
故行安樂慈令得佛樂故菩薩之慈為若此
也文殊師利又問何謂為悲荅曰菩薩所作

BD01189　維摩詰所説經卷中

也文殊師利又問何謂為悲荅曰菩薩所作
功德皆與一切衆生共之何謂為喜荅曰有
所饒益歡喜无悔何謂為捨荅曰所作福祐
无所悕望文殊師利又問生死有畏菩薩當
何所依維摩詰言菩薩於生死畏中當依
如來功德之力文殊師利又問菩薩欲依如來
功德之力當於何住荅曰菩薩欲依如來功
德力者當住度脫一切衆生又問欲度衆生
當何所除荅曰欲度衆生除其煩惱又問欲
除煩惱當何所行荅曰當行正念又問云何
行於正念荅曰當行不生不滅又問何法不
生何法不滅荅曰不善不生善法不滅又問
善不善孰為本荅曰身為本又問身孰為

妄分別為本又問虛妄分別孰為本答曰顛倒
想為本又問顛倒想孰為本答曰无住為本
又問无住孰為本答曰无住則无本文殊師
利從无住本立一切法
時維摩詰室有一天女見諸大人聞所說法
便現其身即以天華散諸菩薩大弟子上華
至諸菩薩即皆墮落至大弟子便著不墮
一切弟子神力去華不能令去尒時天問舍利
弗何故去華答曰此華不如法是以去之天
曰勿謂此華為不如法所以者何是華无所分
別仁者自生分別想耳若於佛法出家有所
分別為不如法若无所分別是則如法觀諸
菩薩華不著者以斷一切分別想故譬如
人畏時非人得其便如是弟子畏生死故色

人畏時非人得其便如是弟子畏生死故色
聲香味觸得其便也已離畏者一切五欲无能
為也結習未盡華著身耳結習盡者華不
著也舍利弗言天止此室其已久如荅曰我止
此室如耆年解脫舍利弗言止此久邪天曰
耆年解脫亦何如久舍利弗嘿然不荅天曰
如何耆舊大智而嘿荅曰解脫者无所言說
故吾於是不知所云天曰言說文字皆解脫
相所以者何解脫者不內不外不在兩閒文
字亦不內不外不在兩閒是故舍利弗无離
文字說解脫也所以者何一切諸法是解脫
相舍利弗言不復以離婬怒癡為解脫乎天
曰佛為增上慢人說離婬怒癡為解脫耳若

弗言善哉善哉天女汝何所得以何為證辯
乃如是天曰我无得无證故辯如是所以者
何若有得有證者則於佛法為增上慢舍利
弗問天汝於三乘為何志求天曰以聲聞法
化衆生故我為聲聞以因緣法化衆生故我
為辟支佛以大悲法化衆生故我為大乘舍
利弗如人入瞻蔔林唯嗅瞻蔔不嗅餘香如
是若入此室但聞佛功德之香不樂聲聞辟
支佛功德香也舍利弗其有釋梵四天王
諸天龍鬼神等入此室者聞斯上人講說正
法皆樂佛功德之香發心而出舍利弗吾止
此室十有二年初不聞說聲聞辟支佛法但
聞菩薩大慈大悲不可思議諸佛之法舍利
弗此室常現八未曾有難得之法 何謂為八

BD01189　維摩詰所説經卷中

弗此室常現八未曾有難得之法何謂為八
此室常以金色光照晝夜无異不以日月所
照為明是為一未曾有難得之法此室入者
不為諸垢之所惱也是為二未曾有難得之
法此室常有釋梵四天王他方菩薩來會不
絕是為三未曾有難得之法此室常說六波
羅蜜不退轉法是為四未曾有難得之法此室
常作天人第一之樂絃出无量法化之聲是
為五未曾有難得之法此室常有四大藏眾寶
積滿周窮濟乏求得无盡是為六未曾有難
得之法此室釋迦牟尼佛阿弥陀佛阿閦佛
寶德寶焰寶月寶嚴難勝師子響一切利成
如是等十方无量諸佛是上人念時即皆為

曾有難得之法此室一切諸天嚴飾宮殿諸
佛淨土皆於中現是為八未曾有難得之法
舍利弗此室常現八未曾有難得之法誰有
見斯不思議事而復樂於聲聞法乎
舍利弗言汝何以不轉女身天曰我從十二年
来求女人相了不可得當何所轉譬如幻師
化作幻女若有人問何以不轉女身是人
為正問不舍利弗言不也幻无定相當何所
轉天曰一切諸法亦復如是无有定相云何
乃問不轉女身即時天女以神通力變舍
利弗令如天女天自化身如舍利弗而問言何
以不轉女身舍利弗以天女像而荅曰我今
不知何轉而變為女身天曰舍利弗若能轉
此女身則一切女人亦當能轉如舍利弗非

此女身則一切女人亦當能轉如舍利弗非
女而現女身一切女人亦復如是雖現女身
而非女也是故佛說一切諸法非男非女 即
時天女還攝神力舍利弗身還復如故天問
舍利弗女身色相今何所在舍利弗言女身
色相无在无不在天曰一切諸法亦復如是
无在无不在夫无在无不在者佛所說也
舍利弗問天汝於此没當生何所天曰佛化
所生吾如彼生曰佛化所生非没生也天曰
衆生猶然無没生也舍利弗問天汝久如當
得阿耨多羅三藐三菩提天曰如舍利弗還
為凡夫我乃當成阿耨多羅三藐三菩提舍
利弗言我作凡夫无有是處天曰我得阿耨

阿耨多羅三藐三菩提已得當得今得如恒
河沙皆謂何乎天曰皆以世俗文字數故說
有三世非謂菩提有去來今天曰舍利弗汝
得阿羅漢道邪曰无所得故而得天曰諸佛
菩薩亦復如是无所得故而得尒時維摩詰
語舍利弗是天女曾已供養九十二億佛已
能遊戲菩薩神通所願具足得无生忍住不
退轉以本願故隨意能現教化衆生

佛道品第八

尒時文殊師利問維摩詰言菩薩云何通達
佛道維摩詰言若菩薩行於非道是為通達
佛道又問云何菩薩行於非道荅曰若菩薩
行五无間而无惱恚至于地獄无諸罪垢至

行五无間而无惱恚至于地獄无諸罪垢至
于畜生无有无明憍慢等過至于餓鬼而具
足功德行色无色界道不以爲勝亦行貪欲
離諸染著亦行瞋恚於諸衆生无有恚閡
亦行愚癡而以智惠調伏其心亦行慳貪而捨
内外所有不惜身命亦行毀禁而安住淨戒
乃至小罪猶懷大懼亦行瞋恚而常慈忍亦
行解怠而勤脩功德亦行亂意而常念定亦
行愚癡而通達世間出世間惠亦行諂僞而
善方便隨諸經義亦行憍慢而於衆生猶如
橋梁亦行諸煩惱而心常清淨亦入於魔而
順佛智惠不隨他教亦入聲聞而爲衆生說
未聞法亦入辟支佛而成就大悲教化衆生

具諸相好以自莊嚴示入下賤而生佛種姓
中具諸功德示入羸劣醜陋而得那羅延身
一切衆生之所樂見示入老病而永斷病根
超越死畏示有資生而恒觀无常實无所
貪示有妻妾婇女而常遠離五欲淤泥現於
訥鈍而成就辯才揔持无失示入邪濟而以
正濟度諸衆生現遍入諸道而斷其因緣現
於涅槃而不斷生死文殊師利菩薩能如是
行於非道是爲通達佛道
於是維摩詰問文殊師利何等爲如來種文
殊師利言有身爲種无明有愛爲種貪恚癡
爲種四顛倒爲種五蓋爲種六入爲種七識處
爲種八邪法爲種九惱處爲種十不善
法爲種以要言之六十二見及一切煩惱皆是

法為種以要言之六十二見及一切煩惱皆是
佛種曰何謂也荅曰若見无為入正位者不
能復發阿耨多羅三藐三菩提心譬如高原
陸地不生蓮華卑濕淤泥乃生此華如是見
无為法入正位者終不復能生於佛法煩惱
泥中乃有衆生起佛法耳又如殖種於空終
不得生糞壤之地乃能滋茂如是入无為正
位者不生佛法起於我見如須弥山猶能發
于阿耨多羅三藐三菩提心生佛法矣是故
當知一切煩惱為如来種譬如不下巨海不能
得无價寶珠如来不入煩惱大海則不能
得一切智寶
尒時大迦葉嘆言善哉善哉文殊師利快說
[illegible]

BD01189v　雜寫

BD01190 金光明最勝王經卷七

（唐）義净 譯

589.2cm × 25.4cm

阿鞞毗耶訶羅　輸婆伐底
蘇尼室剌多引　薄虎郡社引
阿毗婆馱引　莎訶
佛告舍利子此无染著陁羅尼句若有菩薩
能善安住能正受持者當知是人若於一劫
若百劫若千劫若百千劫所發正願无有窮
盡身亦不被刀仗毒藥水火猛獸之所損害
何以故舍利子此无染著陁羅尼是過去諸
佛母未來諸佛母現在諸佛母舍利子若復
有人以十阿僧企耶三千大世界滿中七寶
奉施諸佛及以上妙衣服飲食種種供養
經无數劫若復有人於此陁羅尼乃至一句
能受持者所生之福倍多於彼何以故舍利
子此无染著陁羅尼甚深法門是諸佛母故

金光明最勝王經如意寶珠品第十四
尒時世尊於大衆中告阿難陁曰汝等當知
有陁羅尼名如意寶珠遠離一切災厄亦能
遮止諸惡雷電過去如來應正等覺所共宣
說我於尒時於此經中亦為汝等大衆宣說
能於人天為大利益哀愍世間擁護一切令
得安樂時諸大衆及阿難陁聞佛語已各各
至誠瞻仰世尊聽受神呪佛言汝等諦聽於
此東方有光明電王名阿揭多南方有光明
電王名設羝嚕西方有光明電王名主多光
北方有光明電王名蘇多末尼若有善男子
善女人得聞如是電王名字及知方處者此
人即便遠離一切怖畏之事及諸災橫悉皆
消殄若於住處書此四方電王名者於所住

消弥若於住處書此四方雷王名者於所住
處无雷電怖亦无灾厄及諸障惱非時枉死
悉皆遠離尒時世尊即說呪曰
怛　姪　他　　弥狗你狗你狗
尼民達　哩　　室哩盧迦盧羯你
室哩輸擢波你　　曷洛叉曷洛　叉
我某甲及此住處一切怖所有苦惱雷電
霹靂乃至枉死悉皆遠離莎訶
尒時觀自在菩薩摩訶薩在大衆中即從座
起偏袒右肩合掌恭敬白佛言世尊我今亦
於佛前略說如意寶珠神呪於諸人天為大
利益哀愍世間擁護一切令得安樂有大威
力所求如願即說呪曰
怛姪他　帝　　毗喝帝你喝帝

[illegible]
安荼入聲囉般荼囉　稅平聲帝
般荼囉婆死你　喝囉羯荼引囉
劫畢　囉　氷揭羅惡綺
達地目企　昌喈又昌喈又
我某甲及此住處一切恐怖所有苦惱乃
至枉死悉皆遠離願我莫見罪惡之事常蒙
聖觀自在菩薩大悲威光之所護念莎訶
尒時執金剛秘密主菩薩即從座起合掌恭
敬白佛言世尊我今亦說陀羅尼呪名曰无
勝於諸人天為大利益哀愍世間擁護一切
有大威力所求如願即說呪曰
怛姪他毋你毋你　毋尼囉末底末底
蘇末底莫訶末底　呵呵呵磨婆㘈
那遮底帝引皮跛　跌折攞波尔

蘇末底莫訶末底　呵呵呵磨婆

耶悉底帝引彼跋　䟦析擺波你

惡甜大含　姪嘌荼上　莎訶

世尊我此神呪名无勝擁護若有男女一
心受持書寫讀誦憶念不忘我於晝夜常護
是人於一切恐怖乃至枉死悉皆遠離

尒時索訶世界主梵天王即從座起合掌恭
敬白佛言世尊我亦有陁羅尼微妙法門於
諸人天為大利益哀愍世間擁護一切有大
威力所求如願即說呪曰

怛　姪　他　醯里弭里地里莎訶

䟦囉甜魔布囇　䟦囉甜末㖿

䟦囉甜麼揭鞞　補澀跛僧悉怛儞莎訶

世尊我此神呪名曰梵治悉能擁護持是呪
者令離憂惱及諸罪業乃至枉死悉皆遠離

呪能除一切恐怖厄難乃至枉死悉皆遠離
拔苦與樂利益人天即說呪曰
怛姪他毗你婆喇你　畔稚麽彈渧
麽膩你𢱢𢱢你瞿哩　健陀哩旃荼哩
摩登耆上卜羯死　薩羅跋喇鞞去
呬娜末住荅麽嗢多喇你　莫呼剌你達剌你計
弥羯囉婆枳　捨代哩奢代哩莎訶
尒時多聞天王持國天王增長天王廣目天
王俱從座起合掌恭敬白佛言世尊我今亦
有神呪名施一切衆生无畏於諸苦惱常為
擁護令得安樂增益壽命无諸患苦乃至枉
死憂悉皆遠離即說呪曰
怛姪他補澀閉　蘇補澀閉
度麽鉢剌訶囉　阿離耶鉢喇設悉帝

怛姪他祁邏隬　蘇祁邏隬
度廬鉢剌呵孋　阿囉耶鉢剌設悉帝
肩帝湿　目帝　忙揭例寧覩帝
悉哆鼻　帝　莎訶
尒時復有諸大龍王所謂末那斯龍王電光
龍王无熱池龍王電舌龍王妙光龍王俱從
座起合掌恭敬白佛言世尊我亦有如意寶
珠陁羅尼能遮惡電除諸恐怖能於人天為
大利益哀愍世間擁護一切有大威力所求
如願乃至枉死悉皆遠離一切毒藥皆令止
息一切造作蠱道呪術不吉祥事悉令除滅
我今以此神呪奉獻世尊唯願哀愍慈悲納
受當令我等離此龍趣永捨悭貪何以故
由此悭貪於生死中受諸苦惱我等願斷悭
貪種子即說呪曰
[illegible]

薩婆波跋　鉢唎苫摩尼囊訶

阿雜囊　般豆蘇波尼囊莎訶

世尊若有善男子善女人口中說此陁羅尼

明呪或書經卷受持讀誦恭敬供養者終无

雷電霹靂及諸恐怖苦惱憂患乃至枉死

悉皆遠離所有毒藥蠱魅厭禱害人虎狼

師子毒虵之類乃至蚊䖟悉不為害

尒時世尊普告大眾善哉善哉此等神呪皆

有大能力隨眾眾生心所求事悉令圓滿為大

利益除不至心汝等勿疑時諸大眾聞佛語

已歡喜信受

金光明最勝王經大辯才天女品第十五

尒時大辯才天女於大眾中即從座起頂礼

佛足白佛言世尊若有法師說是金光明最

尒時大辯才天女於大衆中即從座起頂禮
佛足白佛言世尊若有法師說是金光明最
勝王經者我當益其智慧具足莊嚴言說之
辯若彼法師於此經中文字句義所有忘失
皆令憶持能善開悟復與陁羅尼揔持无礙
又此金光明最勝王經為彼有情已於百千
佛所種諸善根當受持者於贍部洲廣行
流布不速隱沒復令无量有情聞是經典皆
得不可思議捷利辯才无盡大慧善解衆論
及諸伎術能出生死速趣无上正等菩提於現世
中增益壽命資身之具悉令圓備世尊我當
為彼持經法師及餘有情於此經典樂聽
聞者說其呪藥洗浴之法彼人所有惡星灾
變與初生時星屬相違疫病之苦鬪諍戰陣
惡夢鬼神蠱毒厭魅呪術起屍如是諸惡為
[illegible]

昌蒲 跋者　牛黄 瞿盧折娜　苜蓿香 塞畢力迦
麝香 莫訶婆伽　雄黄 末捺眵羅　合昏樹 尸利灑
白及 因達囉喝悉哆　芎藭 闍莫迦　苟杞根 苫弭
松脂 室利薜瑟得迦　桂皮 咄者　香附子 目窣哆
沈香 惡揭嚕　栴檀 栴檀娜　零凌香 多揭羅
丁子 索瞿者　鬱金 茶矩麼　婆律膏 曷羅娑
蓽香 捺剌拖　竹黄 鵠路戰娜　細豆蔻 蘇泣迷羅
甘松 苫弭哆　藿香 鉢怛羅　茅根香 嗢尸羅
叱脂 薩洛計　艾納 世黎也　安息香 窶具攞
芥子 薩利殺跛　馬芹 葉婆你　龍花鬚 那伽雞薩羅
白膠 薩折羅婆　青木 矩瑟侘　皆等分
以布灑星日一處擣篩取其香末當以此呪
呪一百八遍呪曰
怛姪他 蘇訖栗帝 訖栗帝訖栗計

呪一百八遍呪曰
怛姪他蘇訖栗帝　訖栗帝訖栗計
刧摩怛里　纈怒羯㘓滯
郝羯喇滯　因達囉闍利臟
鑠羯㘓滯　鈐設姪囇
阿伐底羯細　計娜矩覩矩覩
脚迦自鼻麗　刧鼻麗刧鼻麗
刧毗羅未底丁里　尸羅未底
刪底度囉末底里　波伐雉畔雉囇
室囇室囇　薩底悉體䩭莎訶
若樂如法洗浴時　應作壇場方八肘
可於寂靜安隱處　念所求事不離心
應塗牛糞作其壇　於上普散諸花彩
當以淨潔金銀器　盛滿美味并乳蜜

令四童子好嚴身　各於一角持瓶水
於此常燒安息香　五音之樂聲不絕
幡蓋莊嚴懸繒綵　安在壇場之四邊
復於壇內置明鏡　利刀兼箭各四枚
於壇中心埋大盆　應以漏版安其上
用前香抹以和湯　亦復安在於壇內
既作如斯布置已　然後誦呪結其壇
結界呪曰
怛姪他　頞喇計　娜也泥去　呬　麗
弭麗　祇　麗　企企麗　莎訶
如是結界已　方入於壇內　呪水三七遍　散灑於四方
次可呪香湯　滿一百八遍　四邊安幔障　然後洗浴身
呪水呪湯呪曰
怛姪他一　索揭智貞勵反下同二　毗揭智三　毗揭荼伐
底四　莎訶五

怛姪他[illegible]下同二[illegible]
底四　莎訶五
若洗浴訖其洗浴湯及壇場中供養飲食棄
河池内餘皆收攝如是浴已方著淨衣既出壇
場入淨室内呪師教其發弘誓願永斷衆
惡常修諸善於諸有情興大悲心以是因
緣當獲无量隨心福報復説頌曰
若有病苦諸衆生　種種方藥治不差
若依如是洗浴法　并復讀誦斯經典
常於日夜念不散　專想慇懃生信心
所有患苦盡消除　解脱貧窮足財寶
四方辰星及日月　威神擁護得延年
吉祥安隱福德增　災變厄難皆除遣
次誦護身呪三七遍呪曰
怛姪他　三謎　毗三謎　莎訶
[illegible]

四揭栗反……

娑揭囉　三步多也莎訶

塞建陀　摩多也莎訶

尼攞建佗也　莎訶

阿鉢囉市哆　毗梨耶也莎訶

呬摩槃哆　三步多也莎訶

阿你蜜攞　薄怛囉也莎訶

南謨薄伽伐都　跋囉蚶摩寫莎訶

南謨薩囉酸（蘇活）底　莫訶提鼻裔莎訶

悉甸覩湯（此云成就我某甲）　曼怛囉鉢陁莎訶

怛喇都毗姪哆　跋囉蚶摩奴末覩莎訶

尒時大辯才天女說洗浴法壇場呪已前礼

佛足白佛言世尊若有苾芻苾芻尼鄔波索

迦鄔波斯迦受持讀誦書寫流布是妙經王

如說行者若在城邑聚落曠野山林僧尼住

如說行者若在城邑聚落曠野山林僧尼住
處我為是人將諸眷屬作天伎樂來詣其所
而為擁護除諸病苦流星變怪疫病鬪諍王
法所拘惡夢惡神為障礙者蠱道厭術悉皆
除殄饒益是等持經之人苾芻等衆及諸聽
者皆令速渡生死大海不退菩提
尒時世尊聞是說已讚辯才天女言善哉善
哉天女汝能安樂利益无量无邊有情說此
神呪及以香水壇場法式果報難思汝當擁
護最勝經王勿令隱沒常得流通尒時大辯
才天女礼佛足已還復本座
尒時法師授記憍陳如婆羅門承佛威力於
大衆前讚請辯才天女曰
聰明勇進辯才天　人天供養悉應受

恒結茅草以爲衣　在處常翹於一足
諸天大衆皆來集　咸同一心申讚請
唯願智慧辯才天　以妙言詞施一切
尒時辯才天女即便受請爲說呪曰
怛姪他慕囉只囉只囉　阿伐帝貞屬阿伐吒伐底丁里 口句
馨䫂名具䫂　名具羅伐底
鴦具師末唎只三末底　毘三末底惡近入唎
莫近唎怛囉只　怛囉者伐底
質質哩室里蜜里　末難地曇去
末唎只　八囉拏畢唎裔
盧迦逝瑟跐刀世反　盧迦失囉瑟跐
盧迦畢唎裔　悉馱跋唎帝
毘麼目企輕利反　輸只折唎
阿鉢唎底喝帝　阿鉢唎底喝多勃地

毗盧目企輕利又　輸只折喇
阿鉢唎底羯帝　阿鉢喇底喝哆勃地
南毋只南毋只　莫訶提鼻
鉢唎底近入唎㡳火根婷　南摩塞迦囉
我其甲勃地遫　達哩奢呬
勃地阿鉢唎底喝哆　婆上趺覩
帀婆謎毗輸娙覩　舍悉怛囉鞝路迦
㬅怛囉畢得迦　迦娰耶地數
怛　娙　他　莫訶鉢喇婆鼻
呬里蜜里呬里蜜里　毗折喇覩謎勃地
我其甲勃地輸提　薄伽伐點提毗皴
薩羅酸蘇活點丁餘引　羯囉魯家滯雞由㘓
雞由囉末底　呬里蜜里呬里蜜里
阿婆訶耶訶　莫訶提鼻

跋嘍拏薩帝娜　襄盧雞薩底婆娜

秖釤薩帝娜　薩底伐者泥娜

阿婆訶耶弭　莫訶提鼻

呬里蜜里呬里蜜里　毗折喇覩

我某甲勅地　南謨薄伽伐底利丁

莫訶提鼻薩囉酸底　悉甸覩

曷怛囉鉢陁彌　莎訶

尒時辯才天女說是呪已告婆羅門言善哉

大士能爲衆生求妙辯才及諸珎寶神通智

慧廣利一切速證菩提如是應知受持法式

即說頌曰

先可誦此陁羅尼　令使純熟无謬失

歸敬三寶諸天衆　請求加護願隨心

敬礼諸佛及法寶　菩薩獨覺聲聞衆

歸命三寶讚文第[illegible]　讚[illegible]依言[illegible][illegible]心
敬礼諸佛及法寶　菩薩獨覺聲聞衆
次礼梵王并帝釋　及護世者四天王
一切常修梵行人　悉可至誠慇重敬
可於寂靜蘭若處　大聲誦前呪讚法
應在佛像天龍前　隨其所有修供養
於彼一切衆生類　發起慈悲哀愍心
世尊妙相紫金身　繫想正念心无亂
世尊讚念說教法　隨彼根機令習定
於其句義善思惟　復依空性而修習
應在世尊形像前　一心正念而安坐
即得妙智三摩地　并獲最勝陁羅尼
如來金口演說法　妙響調伏諸人天
舌相隨緣現希有　廣長能覆三千界
如是諸佛妙音聲　至誠憶念心无畏
諸佛聲音發[illegible]願　尋此吾目不思義

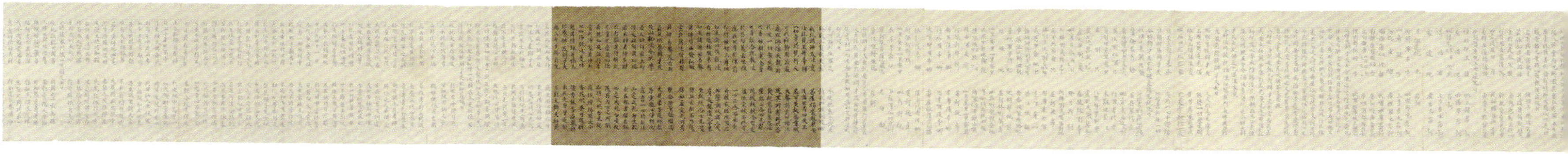

宣說諸法[illegible]

諸佛音聲及舌相　繫念思量願圓滿
若見供養辯才天　或見弟子隨師教
授此秘法令修學　尊重隨心皆得成
若人欲得最上智　應當一心持此法
增長福智諸功德　必定成就勿生疑
若求財者得多財　求名稱者獲名稱
求出離者得解脫　必定成就勿生疑
无量无邊諸功德　隨其內心之所願
若能如是依行者　必得成就勿生疑
當於淨處著淨衣　應作壇場隨大小
以四淨瓶盛美味　香花供養可隨時
懸諸繒綵并幡蓋　塗香末香遍嚴飾
供養佛及辯才天　求見天身皆遂願
應三七日誦前呪　可對大辯天神前

應三七日誦前咒　可對大辯天神前
若其不見此天神　應更用心經九日
於後夜中猶不見　更求清淨勝妙處
如法應畫辯才天　供養誦持心无捨
晝夜不生於懈怠　自利利他无窮盡
所獲果報施群生　於所求願皆成就
若不遂意經三月　六月九月或一年
慇懃求請心不移　天眼他心皆悉得
尒時憍陳如婆羅門聞是說已歡喜踴躍
歎未曾有告諸大衆作如是言汝等人天一
切大衆如是當知皆一心聽我今更欲依世
諦法讚彼勝妙辯才天女即說頌曰
敬礼天女那羅延　於世界中得自在
我今讚歎彼尊者　皆如往昔仙人說

慈母能生於世間　勇猛常行大精進
於軍陣處戰恒勝　長養調伏心慈忍
現為閻羅之長姊　常著青色野蠶衣
好醜容儀皆具有　眼目能令見者怖
无量勝行超世間　歸信之人咸攝受
或在山巖深險處　或居坎窟及河邊
或在大樹諸叢林　天女多依此中住
假使山林野人輩　亦常供養於天女
以孔雀羽作幢旗　於一切時常護世
師子虎狼恒圍繞　牛羊雞等亦相依
振大鈴鐸出音聲　頻陁山眾皆聞響
或執三戟頭圓髮　左右恒持日月旗
里月九日十一日　於此時中當供養
或現婆蘇大天妹　見有鬪戰心常愍
觀察一切有情中　天女最勝无過者

BD01190　金光明最勝王經卷七

觀察一切有情中　天女最勝无過者
權現牧牛歡喜女　與天戰時常得勝
能久安住於世間　亦爲和忍及暴惡
大婆羅門四明法　幻化呪等悉皆通
於天仙中得自在　能爲種子及大地
諸天女等集會時　如大海潮必來應
於諸龍神藥叉衆　咸爲上首能調伏
於諸女中最梵行　出言猶如世間主
於王住處如蓮花　若在河津喻橋栰
面貌猶如盛滿月　具足多聞作依處
辯才勝出若高峯　念者皆與爲洲渚
阿蘇羅等諸天衆　咸共稱讚其功德
乃至千眼帝釋王　以慇重心而觀察
衆生若有希求事　悉能令彼速得成

乃至神鬼諸禽獸　咸皆遂彼所求心
於諸女中若山峯　同昔仙人久住世
如少女天常離欲　實語猶如大世主
普見世間差別類　乃至欲界諸天宮
唯有天女獨稱尊　不見有情能勝者
若於戰陣恐怖處　或見墮在火坑中
河津險難賊盜時　悉能令彼除怖畏
或被王法所枷鎖　或為怨讎行殺害
若能專注心不移　決定解脫諸憂苦
於善惡人皆擁護　慈悲愍念常現前
是故我以至誠心　稽首歸依大天女
尒時婆羅門復以呪讚天女曰
敬禮敬禮世間尊　於諸母中最為勝
三種世間咸供養　面貌容儀人樂觀
種種妙德以嚴身　目如脩廣青蓮葉

三種世間咸供養　面貌容儀人樂觀
種種妙德以嚴身　目如脩廣青蓮葉
福智光明名稱滿　譬如无價末尼珠
我今讚歎最勝者　悉能成辦所求心
真實功德妙吉祥　譬如蓮花極清淨
身色端嚴皆樂見　衆相希有不思議
能放无垢智光明　於諸念中為最勝
猶如師子獸中上　常以八臂自莊嚴
各持弓箭刀矟斧　長杵鐵輪并羂索
端正樂觀如滿月　言詞无滯出和音
若有衆生心願求　善士隨念令圓滿
帝釋諸天咸供養　皆共稱讚可歸依
衆德能生不思議　一切時中起恭敬
莎訶　此上呪頌是呪亦是讚　若持呪時必須誦之
若欲祈請辯才天　[illegible]

[illegible]

尒時佛告婆羅門善哉善哉汝能如是利益

衆生施與安樂讚彼天女請求加護獲福无

量

此品呪法有略有廣或開或合前後

BD01191 諸經要集卷一一

（唐）道世 集

BD01191v-1 雜寫

BD01191v-2 血書祈願文（擬）

BD01191v-3 血書金剛般若波羅蜜經

（後秦）鳩摩羅什 譯

398cm × 29.4cm

口意十不善業道一一皆有前後 [illegible] 如義云 [illegible]
命因復更斷餘衆生命如欲㱏夫煞害衆生見夫 [illegible]
其妻生如是心還使彼妻自煞夫主復以種種鬪亂言辭 [illegible]
屬无時非實於彼物中生於貪心即於彼人復生瞋心為煞彼人故
生如是邪見增長邪見以斷彼命復欲煞其妻男女等如是次第是
足十種不善業道如是等業名前眷屬一切十不善業道皆亦如是
應知　又離善惡非方便脩行善業道是方便以遠離根本故及遠離
方便故言方便者如彼沙弥欲受大戒將詣戒場礼衆僧足即詣和上受
持三衣始一白作第二白時如是悉皆名前眷屬從第三白三羯磨
竟所起作業及彼念起无作業時是等皆名根本業道次說四
依乃至不捨所受善行身口作業及无作業如是等悉皆名後眷屬
述曰上來雖引經論明業用多種至時斷罪未明輕重故別列優婆塞戒
經辨業不同別有四例一將物對意有四二輕重不同有八三上中下不
[illegible]

一有物重意輕者如无惡心煞於父母者是第二物輕意重者如以惡心
煞於畜生者是第三物重意重者以極惡心煞所生父母者是
第四物輕意輕者如以輕心煞於畜生者是
第二如是惡業復有八種輕重不同何等為八一有方便重根本成已
輕二有根本重方便成已輕三者成已重方便根本輕四有方便根
本重成已輕五有方便成已重根本輕六有根本成已重方便輕
七有方便根本成已重八有方便根本成已輕物是一種以心力故
得輕重果如十善業道有其三事一方便二根本三成已若復有
人能勤禮拜供養父母師長和上有德之人先意問訊言則柔爽是
名方便若作已竟能循念心歡喜不悔是名成已作是專着
是名根本十善既尔十惡亦然
第三是十業道復有三種謂上中下或方便上根本中成已下或方便中
根本上成已下或方便下根本上成已中倚互作八准前可知
第四依隆婆多論方便根本成已有心无心倚互作八准前可知自下依三界六道

第四依僧伽婆多論方便根本成已有心无心作僧伽作八准前可知自下依三界六道
發業多少有異第一就地獄明起不善依毗曇論云有五業道一惡口二綺語
三貪四瞋五邪見於中惡口綺語及瞋彼受苦時三種現行惡罵獄卒
故惡口現行即此惡口語不應時違法非正即落綺語尒時愁惱
即是瞋恚此三不善地獄現行若論貪業及与邪見成就在心而不
現行以彼處凡未斷煩惱故貪邪見成就在心彼處男女各恒受苦无有
男女共事邪事是故无此貪心現行以常受苦以識闇鈍不能推求因
果有无是亦邪見現行自餘殺盜妄語兩舌彼處不行一向是无若
地獄不有現行貪及邪見業道者云何說彼成就此二若煩惱心法
未斷已來雖不見行性恒成就不同身口七支色業是處作法發動
方便成无造作處則不說成故雜心論云地獄之中无相殺故无殺業
道无受財故无盜業道无執受女人故无邪婬業道異想說故名妄語彼
无異語故无妄語常樂離故无兩舌為苦所逼故有惡口不時說故有綺語
貪及邪見成就不行第二第三明鬼畜道中十惡具有而无身口七支惡
義準也

不名雖无言說之別從心起故亦名爲業亦可言具十者多是龍王
辯了意志故具十業道自餘癡鈍畜生但可具身三意六種餘
四不具以〻口不解語故若據劫初畜生人語者此亦可具十惡
第四就人中起罪行者人中既有四天下南閻浮東弗西耶此三方人起惡
多故皆具十惡然東西昂輕南方最重〻以有受惡律儀故若就北〻
單〻論罪者彼方唯有四不善業一綺語二貪三瞋四邪見由有歌
詠故有綺語貪瞋邪見成而不行問〻方有行欲事云何言无邪
婬業道答彼方无夫妻共相匹配雖有婬事无相陵奪故无邪
婬問既有行婬即貪欲現行云何而言但成不行答彼起婬貪非俗能〻
裁雖數現行雖說無罪從此貪心所起之婬尚非罪業不妨若
報何況內心能起之貪如世夫妻貪〻婬〻愛非制問〻方之人既
有歌詠等此不應法即是妄語云何不說有妄語業答彼人
淳直不行矯詐无誑他心故非妄語彼定千歲故无殺命彼方衣食
地有粳米樹有寶衣自然而出无有守掌故无偷盜彼人和柔故

地有稗米植有寶衣自然而出无有守掌故无偷盜彼人和柔故
无兩舌惡口等業故雜心論云欝單有四不善業道壽命定故无
煞生无受財故无盜无雜愛女人故无邪婬无欺他故无妄語常和
合故无兩舌以柔軟故故无麁言有歌歎故有綺語若論意業
道雖成就而不現行

第五就天趣罪行者此欲界六天有煞盜等於中雖有十不善業而
无身口七種惡律儀故雜心論云欲界六天有十業道離不律儀
雖不害天而害餘趣如害脩羅亦有截手足斷而復還生若斬
首則死展轉相害乃至十業道一切皆有亦有薄福諸天乏少資
緣更相攬竊故有盜業或有諸天自薄所受婬他美天故有邪
婬自餘七業文顯可知

依十善分别者如毗曇論說於彼地獄趣中唯有意地三善業道
然但成就而不現行北方亦同自餘一切皆具十義文顯可知

若論色无色天依如毗曇則无不善據理而言亦有輕微三業不
善謂彼意地有邪慢等身口業過如初禪中婆伽梵王語梵衆

梵中尊者黒齒比丘言我不問梵王尊卑但問初禪三昧依何三
昧生從何三昧滅彼不能荅即捉尊者牽出衆外語尊者言
我不能知初禪三昧從何三昧生從何三昧滅汝何忌在梵中損辱我也
此是諂詐不善煩惱言仏不能令汝解脫即是謗仏綺語惡口上
界唯有此諂詐發動身口發不善業然不於他人起癡違損以
生上者曾脩得定盡離欲界麁貪瞋等故得彼報還能修定雖
有煩惱唯是癡心以迷道故起慢愛等樂脩善法望得勝他此
等煩惱為定所壞故不損物不相違害若依毗曇上界煩惱非
是不善說為无記此細貪等能行淨心雖是无記辨是染汙不同
報生色心苦樂及威儀等白淨无記故論說名穢汙无記是穢汙
故潤業受生若此煩惱不潤業者種即燋然永不感報上界衆生未
應更生由能潤業故得更生間上界煩惱既能潤業潤生得報何
故非記荅曰界煩惱雖復潤業唯得總報受生而已不由此或正感樂
果亦不招苦故是无記不同下界不善煩惱感得總報及別報苦

界亦不相告故是无記不同下界不善煩惱感得惣報及別報苦
若依成實論上二界中所起耶見皆名不善如彼論說人在色无色
界謂是涅槃臨命盡時見欲色中陰身生耶見謂无涅槃謗无
上法當知彼中有不善又論說彼上界耶見是苦因緣道理上界
據其位判界主心細所起或微多不成業故名无記若據通論不
妨於中有起麁耶成不善者毗曇所說義當前判成實所論義
當後通又據望理彼細煩惱皆違理起悉是不善准依成實不善惡
業三界通起唯有多少增微爲異
述曰向來就凡明諸罪障依身口發業竟若論聖人如須陁洹等出觀
失念容有起意輕微不善生惡願等具欲結者貪瞋雖强行似餘
凡唯可直起貪欲瞋慢不更思審起耶見心亦不起殺盜等心如依毗
曇得有眷屬似搆事種不善業若依成實論有意不善設動身口
不成業報如滴水熱鐵雖濕還乾
罪行緣第三
述曰此明聖者離後福行說有罪行者但此罪行妄見境染執定我人

稱彼迷情狂見起染如夢見境起諸貪瞋稱彼夢者謂實不虛理
實无境唯情妄見故智度論說如夢中无善事而善无瞋事而瞋
无飾事而怖三界眾生亦復如是无明眠故不應瞋而瞋等故知心外
雖无別境稱彼迷情妄見起染心外雖无地獄等相惡業成就妄見
受苦如正法念經云閻魔羅人非是眾生罪人見之謂是眾生手
中執持𩬊然鐵鉗彼地獄人惡業既盡命終之後不復見於閻羅獄卒
何以故以彼非是眾生數故如油炷盡則无有燈業盡亦尒不復見於
閻羅獄卒如閻浮提日光既現則无闇冥惡業盡時閻羅獄卒亦復
如是惡眼惡口如眾生相可畏之色皆悉磨滅如破畫壁畫亦隨滅惡
業盡壁亦復如是不復見於閻羅獄卒可畏之色以此文證眾生惡
業應受苦者自然无中妄見地獄
問曰見地獄者所見獄卒及虎狼等可使妄見彼地獄處閻羅在中判諸
罪人則有此境云何言无荅曰彼見獄主亦是妄見直是罪人惡業
熏心令心變異无中妄見實无地獄閻羅在中故唯識論云如地獄中无
地獄主而地獄眾生依自然業見地獄主与種種苦而起心見此是地獄

熏心令心變異无中妄見實无地獄處所在中故論言如地獄中无
地獄主而地獄衆生依自然業見地獄主種種苦而起心見此是地獄
處此是夜時此是晝時我以惡業故見猶見烏或見山塵此文證善業熏
心令心異見實无地獄是故心外雖无地獄惡業成時彊自妄見閻王此苦
業報既非善事寧不具令說善令習何須稱情說苦業耶答曰善
惡因果法須相對若不說其貪等是過何由得顯施等是善若不宣
說三塗是苦无由得顯人天等樂是故須說凡夫罪行令人識知厭離
歸善若鈍根者聞此苦業生厭離時即求世樂因此轉心脩諸福
業若利根者聞此苦業生厭離時即求解脫因此轉心能脩道觀
便於惑中獨起出世因故經說言一切煩惱皆是佛種故知苦業厭離之
本起善之緣是故須說若不說此惡業罪行衆生不識常行不斷
雖稱情見說諸過惡然實心外无別業苦唯識无境心體恒淨故經說言
雖說貪欲之過而不見法有可貪者雖說瞋恚之過而不見法有可瞋者
雖說愚癡之過而知諸法不二假无礙雖亦衆生墮三惡道怖畏之苦而
不得地獄餓鬼畜生之相以此文證知罪行因果唯心无外凡愚不識解稱情
方便須說業苦同來而門就其實教說罪體真无別可破以愚未解須定說罪

述曰此明福行者對前罪行說此福行先明凡夫脩欲界善者但使亂心脩諸
事福而生下界名欲界業五道之中皆悉得起先就地獄述者依毗曇說地獄
之人亦有三善業即是意地三善根此唯成就非是現行〻以是難處多不聞法
思量趣道故不現行若論生得善根地獄亦有如仙譽國王殺五百婆羅門
生地獄中發生信心生甘露國故知現行若依成實論亦說地獄有善現行雖
无力勵方便起善脩獲聖果然有生得善根起善謂諸衆生无始已來
曾脩世間信進念等未起邪見謗无因果此善不滅生便得之名為生得善
根依此根善得起善心若有宿業感緣強者大聖現化令皆出息為說
道法得脩方便第二畜生龍等亦有脩善如涅槃經說義時无量鳥獸
發菩提心生於天上若依毗曇鬼畜十善非律儀攝〻以具身口七善律儀普
於一切衆生處起以鬼神不能受故〻薩婆多論畜生以癡鈍故不發律儀
若依成論鬼神畜等亦有得戒
若就人中北欝單越人唯成意地三善業道而不現行不斷善故至劫盡時人皆
脩禪彼獨不能離欲非分自餘三方皆有十善有不具者若就欲界共天以
論即无出家別解脫戒但有十善及在家戒故成論云如天帝釋多受戒
龍等亦受不屬在人若論色界諸天以論依毗曇生上失下上界不起下界

論界无出家男爲形式但有十善及在家式故成論云如天帝釋多受式
龍等亦受不屬在人若論色界諸天以論依毗曇生上天下上界不起下界
善業以其界地因果斷身生上界下地法斷此攝有漏在下成上生上天下
便不脩起若依成論上得成下亦得成下亦得容起下界善業如諸梵天
見佛礼拜發言讚歎即是散善此是容起欲界善業若依毗曇毗婆
沙論等梵天礼讚非欲界善是其初禪威儀心起攝此所依无記非善
攝其身口是上色業此明欲界亂善福業依身起處竟
第二明色界四禪定業依身起處若鬼畜中值遇强緣能悟道者亦得
脩起以其无漏依禪起故縱无根本深定之心非必有麁淺未來禪心業
未來禪是色界業依此未來斷欲結時此業即名初禪梵果若就人天
以論脩色界定除北單越无脩禪者自餘三方及欲界天皆得脩起色
界十善謂得禪者意地有三所謂无貪无瞋正見若論身口七善業者謂
依定心發得禪戒禪戒則是身口七善故得禪時有色十善若就天色
諸天以論依毗曇无色界天不得脩起色界定業生上捨下界地斷故若
依成論凡生无色亦得起下色界中業此明色界禪定福業十善業
道依身起處若論无色四空定業依身起處三界人天皆得脩起

述曰此行名雖說不定所謂罪行諸經或說名黑々業不及善々業凡夫
福行諸經或說名黑白業及以善業名雖種々行體无殊行體云何如智
度論說煞生等是不善業布施等是善業此則是說罪福二行言
煞生等者等取十惡齊名罪行言施者等取事中戒定等業同是世善
俱名福行此世善中八禪定者望欲界亂善名不動行若望出世理觀智慧此
緣事任則名福行如說六度前五度中所有禪定通亦名福但諸罪福
人行不同或專脩福或唯造罪或復有人罪福俱行專脩福者所謂淨
心為益他人行施戒等唯造罪者謂无慈潤動身口意皆為損他罪福
俱者謂脩福時內心不淨或兼損物此則是其欲界雜業非純淨故亦
名不淨若論罪行麁顯可知若論雜業与淨福行有同有異々精隱
難知謂諸脩福據其外相事中信樂所作皆同若據內心為自為
他所求各別精麁不等以諸脩福外同內異故有純雜二等不同若
能調心慈悲愍物隨所施為皆成大善若不守念觀相脩福內無
外細唯成雜業稱彼愚情雖謂過世理實違道亦非淨福以脩
福時不觀生空我倒常行遍通三姓所有作業与倒相應是假取

福時不觀生空我倒常行遍通三性所有偽業与倒相應是假取
性是故迷道以不多求世報又多求名故非淨福以此純雜世俗多迷
今略偏論令人識行先論雜業後明淨福但諸雜業自有麁細麁
者為惡兼損他人細者自為准求世報先論麁雜若就施論或有非
法取財施者如負他物以用布施此感來報還衰耗施已生悔得果亦
然故優婆塞經云若人施已生於悔心若劫他財持以布施是人未來
雖得財常耗不集或有為施兼損他者謂若施時不正念善或
生瞋恚或起高慢當隨惡道雖得福報畜中別受不感人天故分
別業報經偈云
循行大布施　急性多瞋怒　不依正憶念　後作大龍身
能循大布施　高心陵蔑人　由斯業行生　大力金翅身
若為循福世報者如捨財時自求來報或恐身財无常故捨或為名聞
求自益此非慈悲為濟貧苦猶如市易非純淨業是以經中名不
淨施如百論說為報施者是名不淨施如市易故報有二種現報

如是以此證知无實慈悲自求名稱或謂未報縱雖廣施皆非淨業
非淨故得報不精故分別業報經亦云若為生天施戒復求名聞酬及望
報恐怖故行施獲果不清淨所受多多虛誑施行既尒戒等諸善皆不淨同
此故百論云不淨持戒者自求樂報若持戒求天上與天女娛樂若人中富
貴受五欲樂五情欲故如覆相者內欲他色外作親善是名不淨此外
細心不淨持戒如何難語難隨說偈云
如羝羊相觸　將前而更却　汝為欲持戒　其事亦如是
閑思專為益他得福則多又於施境有貧有病或有知法而之所須若施令彼
得益長善所施有宜獲福則多故賢愚經云佛讚五施得福无量所謂
施遠來者遠去者病瘦者於飢餓時施於飲食始知法人如是五施現
世獲福此施有宜現獲多福不同求名施非要處雖多劇捨不得淨報
又隨喜他施者若望諸趣造不善者是其細罪亦得名善若望離欲
專為他此此雜業即是其罪故智度論云麁人有麁罪細人有細罪故
此雜業罪福俱行望心非純是不淨業上來明其罪福俱行是其麤果
不淨雜業覓若論淨業翻前可知故百論云淨施者若人受教利益得

不淨雜業竟若論淨業翻前可知故百論云淨施者若人受教利益得
福亦多故因果經偈云
若有貧窮人　無財可布施　見他脩施時　而生隨喜心
隨喜之福報　與施等无異
又丈夫論偈云
悲心施一人　功德大如地　為己施一切　得報如芥子
救一厄難人　勝餘一切施　衆生雖有光　不如一月明
若諸凡夫造其罪福不解因果善惡无性是為迷事取性常繫三有故
智度論云辟如蠅无處不着唯不着火燄衆生愛着亦復如是善不善法
中皆着乃至悲想亦着唯不着般若波羅蜜性空大火以此證知无善惡
性常輪五道即當无佛性衆生世路明凡夫罪福二行迷事取性所依經論竟
又雜寶藏經云昔佛在世時波斯匿王有其一女名曰善光聡明端正父母
怜愍擧宮愛敬父語女言此因我力擧宮愛敬女答父言我有業不因父
王王聞瞋恚而語之言今當試汝有自業力不即遣左右覓一窮下貧窮

長者父母居家都已死盡无所依怙是以窮乏婦復聞言汝今頗知故宅處
不答言知處故宅毀壞遂有空地夫婦相將往至故宅舍周歷案行隨其行
處伏藏自出即以珍寶雇人造宅未盈一月宮宅莊成宮人使女奴婢僕使不可
稱計王卒憶念我女善光云何生活有人答言善光女郎宮舍錢財不減
於王王女即日遣其夫主請王到舍王即受請見其家內宮宅莊嚴歎未曾
有王往問佛此女先世作何福業得生王家身有光明佛答王言乃往過去九十一劫毗
婆尸佛入涅槃後有槃頭王王以佛舍利起七寶塔王大夫人見則便以天冠拂飾其像
頂上以天冠中如意寶珠著塔棠頭因發願言使我將來身有光明紫磨金
色尊榮豪富貴莫墮三塗八難之處昔夫人者今善光是後於過去迦葉
佛時復以餚饍供養佛僧而夫遮斷婦即勸請我今已請使得充足夫還
聽婦爾時婦者今善光是爾時夫者今日夫是由昔遮婦恒常貧賤以還聽
故要因其婦得大富貴无其婦時復還貧賤以是因緣善惡之業要身受報
又雜寶藏經云佛在世時波斯匿王時於殿中聞二內宮共諍道理一人說言我依王活
一人答言我自依業不依王也王聞可彼依王活者而欲賞之即遣直人語夫人言我
今當使一人往者重重與財物尋即遣彼依王活者持所飲酒送與夫人此人出戶鼻
中血出不得前進尋即倩彼依業者送夫人見已重賜錢財衣服瓔珞來到王

中四出不得前進尋即倩被依業者送夫人見已重賜錢財衣服瓔珞來到王
前王見深怯即便喚彼依王活者而問之言我使汝去何不去彼即向王具白情事
王聞歎言仙語真實自作其業還自受報不可避也由是觀善惡報應自業所引非
天非王之所能与要須自作自得起於正見言業果報近獲人天遠招佛果若違
經教具受前苦頌曰

尋因途乃異　乃捨趣猶并　苦憶思歸樂　樂極苦還生
豈非罪福別　皆由封著情　若斷有漏業　當見法身寧

諸經要集卷第十一

麻

BD01191v-1　雜寫

又加新[illegible]心合道莫生

[illegible]

金剛般若波羅蜜經

如是我聞一時佛在舍衛國祇樹給孤獨園與大比丘衆千

二百五十人俱爾時世尊食時著衣持鉢入舍衛大城乞

食於其城中次第乞已還至本處飯食訖收衣鉢洗足

已敷座而坐時長老須菩提在大衆中即從座起偏袒

右肩右膝著地合掌恭敬而白佛言希有世尊

[illegible]

BD01191v-2　血書祈願文（擬）　　BD01191v-3　血書金剛般若波羅蜜經

BD01191v–3　血書金剛般若波羅蜜經

BD01191v-3　血書金剛般若波羅蜜經

BD01191v-3　血書金剛般若波羅蜜經

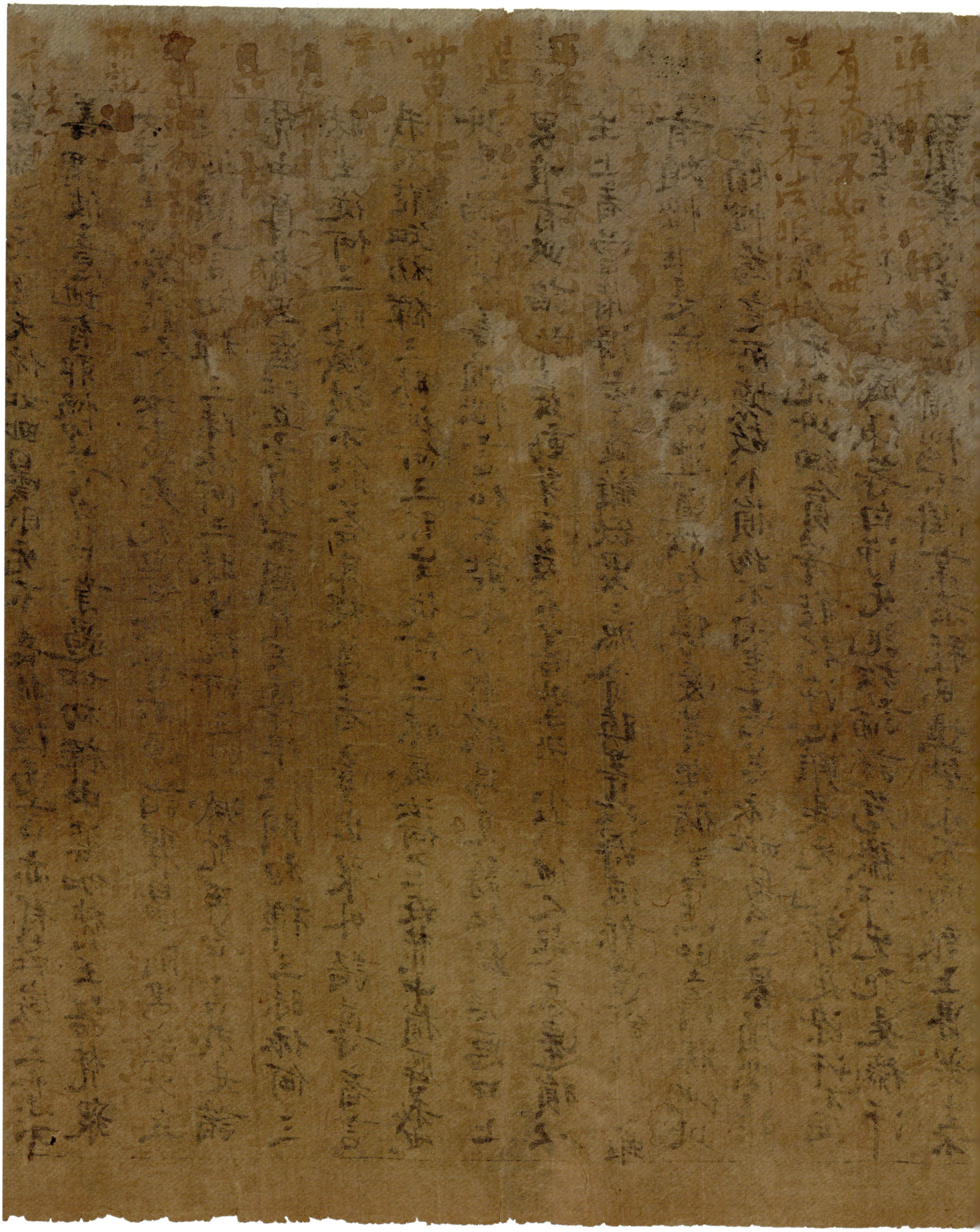

BD01191v-3　血書金剛般若波羅蜜經

BD01191v-3　血書金剛般若波羅蜜經

BD01192 妙法蓮華經卷五

（後秦）鳩摩羅什 譯

352.1cm × 25.4cm

我等當信受
佛語如是三白已復言世尊唯願說之我等當信受
佛語尒時世尊知諸菩薩三請不止而告之
言汝等諦聽如來秘密神通之力一切世間
天人及阿脩羅皆謂今釋迦牟尼佛出釋氏
宮去伽耶城不遠坐於道場得阿耨多羅三
藐三菩提然善男子我實成佛已來无量无
邊百千万億那由他劫譬如五百千万億那
由他阿僧祇三千大千世界假使有人末為微
塵過於東方五百千万億那由他阿僧祇國
乃下一塵如是東行盡是微塵諸善男子
於意云何是諸世界可得思惟挍計知其
數不彌勒菩薩等俱白佛言世尊是諸

量无邊非算數所知亦非心力所及一切聲
聞辟支佛以无漏智不能思惟知其限數我
等住阿惟越致地於是事中亦所不達世
尊如是諸世界无量无邊尒時佛告大菩薩
衆諸善男子今當分明宣語汝等是諸世界
若著微塵及不著者盡以為塵一塵一劫我
成佛已來復過於此百千万億那由他阿僧
祇劫自從是來我常在此娑婆世界說法教
化亦於餘處百千万億那由他阿僧祇國導
利衆生諸善男子於是中間我說然燈佛等
又復言其入於涅槃如是皆以方便分別諸
善男子若有衆生來至我所我以佛眼觀其
信等諸根利鈍隨所應度處處自說名字不

信等諸根利鈍隨所應度處處自說名字不
同年紀大小亦復現言當入涅槃又以種種
方便說微妙法能令衆生發歡喜心諸善男
子如來見諸衆生樂於小法德薄垢重者為
是人說我少出家得阿耨多羅三藐三菩提然
我實成佛已來久遠若斯但以方便教化
衆生令入佛道作如是說諸善男子如來所
演經典皆為度脫衆生或說己身或說他身
或示己身或示他身或示己事或示他事諸
所言說皆實不虛所以者何如來如實知見
三界之相无有生死若退若出亦无在世及滅
度者非實非虛非如非異非如三界見於三
界如斯之事如來明見无有錯謬以諸衆

生有種種性種種欲種種行種種憶想分別
故欲令生諸善根以若干因緣譬喻言辭種
種說法所作佛事未曾暫廢如是我成佛已
来甚大久遠壽命无量阿僧祇劫常住不滅
諸善男子我本行菩薩道所成壽命今猶未
盡復倍上數然今非實滅度而便唱言當取
滅度如来以是方便教化衆生所以者何若
佛久住於世薄德之人不種善根貧窮下賤
貪著五欲入於憶想妄見網中若見如来常
在不滅便起憍恣而懷厭怠不能生難遭之
想恭敬之心是故如来以方便說比丘當知
諸佛出世難可值遇所以者何諸薄德人過
无量百千万億劫或有值佛或不見者以此事

无量百千万億劫或有值佛或不見者以此事
故我作是言諸比丘如来難可得見斯衆生
等聞如是語必當生於難遭之想心懷戀慕
渴仰於佛便種善根是故如来雖不實滅而
言滅度又善男子諸佛如来法皆如是為
度衆生皆實不虚譬如良醫智慧聰達明練
方藥善治衆病其人多諸子息若十二十乃
至百數以有事緣遠至餘國諸子於後飲他
毒藥藥發悶亂宛轉于地是時其父還来歸
家諸子飲毒或失本心或不失者遥見其父
皆大歡喜拜跪問訊善安隱歸我等愚癡
誤服毒藥願見救療更賜壽命父見子等苦惱
如是依諸經方求好藥草色香美味皆悉具

是擣篩和合与子令服而作是言此大良藥
香美味皆悉具足汝等可服速除苦惱无復
眾患其諸子中不失心者見此良藥色香俱
好即便服之病盡除愈餘失心者見其父來
雖亦歡喜問訊求索治病然與其藥而不
肯服所以者何毒藥深入失本心故於此好
色香藥而謂不美父作此念此子可愍為毒
所中心皆顛倒雖見我喜求索救療如是好
藥而不肯服我今當設方便令服此藥即作是
言汝等當知我今衰老死時已至是好良藥
今留在此汝可取服勿憂不差作是教已
復至他國遣使還告汝父已死是時諸子聞
父背喪心大憂惱而作是念若父在者慈愍

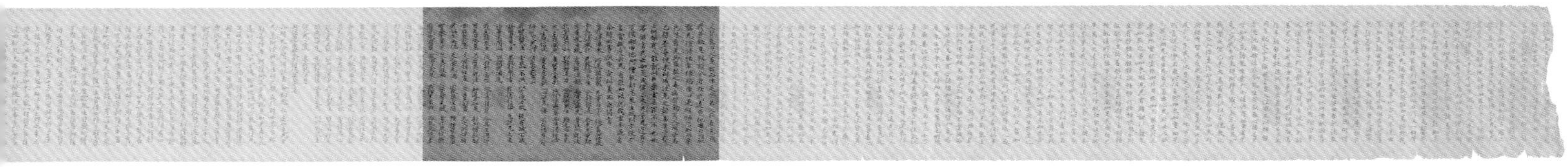

父背喪心大憂惱而作是念若父在者慈愍
我等能見救護今者捨我遠喪他國自惟孤
露无復恃怙常懷悲感心遂醒悟乃知此藥
色味香美即取服之毒病皆愈其父聞子悉
已得差尋便來歸咸使見之諸善男子於意
云何頗有人能說此良藥虛妄罪不不也世
尊佛言我亦如是成佛已來无量无邊百千
万億那由他阿僧祇劫為衆生故以方便力
言當滅度亦无有能如法說我虛妄過者
尒時世尊欲重宣此義而說偈言
自我得佛來　所逕諸劫數　无量百千万　億載阿僧祇
常說法教化　无數億衆生　令入於佛道　尒來无量劫
為度衆生故　方便現涅槃　而實不滅度　常住此說法

我常住於此　以諸神通力　令顛倒衆生　雖近而不見
衆見我滅度　廣供養舍利　咸皆懷戀慕　而生渴仰心
衆生既信伏　質直意柔軟　一心欲見佛　不自惜身命
時我及衆僧　俱出靈鷲山
我時語衆生　常在此不滅　以方便力故　現有滅不滅
餘國有衆生　恭敬信樂者　我復於彼中　為說无上法
汝等不聞此　但謂我滅度
我見諸衆生　沒在於苦惱　故不為現身　令其生渴仰
因其心戀慕　乃出為說法　神通力如是　於阿僧祇劫
常在靈鷲山　及餘諸住處　衆生見劫盡　大火所燒時
我此土安隱　天人常充滿　園林諸堂閣　種種寶莊嚴
寶樹多華果　衆生所遊樂　諸天擊天鼓　常作衆伎樂
雨曼陀羅華　散佛及大衆　我淨土不毀　而衆見燒盡

雨曼陁羅華 散佛及大衆 我淨土不毀 而衆見燒盡
憂怖諸苦惱 如是悉充滿 是諸罪衆生 以惡業因緣
過阿僧祇劫 不聞三寶名 諸有修功德 柔和質直者
則皆見我身 在此而說法 或時爲此衆 說佛壽无量
久乃見佛者 爲說佛難值 我智力如是 慧光照无量
壽命无數劫 久修業所得 汝等有智者 勿於此生疑
當斷令永盡 佛語實不虛 如醫善方便 爲治狂子故
實在而言死 无能說虛妄 我亦爲世父 救諸苦患者
爲凡夫顛倒 實在而言死 以常見我故 而生憍恣心
放逸著五欲 墮於惡道中 我常知衆生 行道不行道
隨應所可度 爲說種種法 每自作是意 以何令衆生
得入无上道 速成就佛身

尒時大會聞佛說壽命劫數長遠如是无量
无邊阿僧祇衆生得大饒益於時世尊告弥
勒菩薩摩訶薩阿逸多我說是如來壽命長
遠時六百八十万億那由他恒河沙衆生得无
生法忍復有千倍菩薩摩訶薩得聞持陁
羅尼門復有一世界微塵數菩薩摩訶薩得
樂說无㝵辯才復有一世界微塵數菩薩摩
訶薩得百万億无量旋陁羅尼復有三千大
千世界微塵數菩薩摩訶薩能轉不退法輪
復有三千中國土微塵數菩薩摩訶薩能轉
清淨法輪復有小千國土微塵數菩薩摩訶
薩八生當得阿耨多羅三藐三菩提復有四
天下微塵數菩薩摩訶薩四生當得阿耨

天下微塵數菩薩摩訶薩四生當得阿耨
多羅三藐三菩提復有三四天下微塵數菩
薩摩訶薩三生當得阿耨多羅三藐三菩提
復有二四天下微塵數菩薩摩訶薩二生當
得阿耨多羅三藐三菩提復有一四天下微
塵數菩薩摩訶薩一生當得阿耨多羅三藐
三菩提復有八世界微塵數衆生皆發阿耨
多羅三藐三菩提心佛說是諸菩薩摩訶薩
得大法利時於虛空中雨曼陁羅華摩訶曼
陁羅華以散无量百千万億寶樹下師子座
上諸佛并散七寶塔中師子座上釋迦牟尼
佛及久滅度多寶如來亦散一切諸大菩薩
及四部衆又雨細末栴檀沉水香等於虛空

中天鼓自鳴妙聲深遠又雨千種天衣垂諸
瓔珞真珠瓔珞摩尼珠瓔珞如意珠瓔珞遍
於九方衆寶香爐燒无價香自然周至供養
大會一一佛上有諸菩薩執持幡蓋次第而
上至于梵天是諸菩薩以妙音聲歌无量頌
讚歎諸佛尒時弥勒菩薩從坐而起偏袒右
肩合掌向佛而說偈言

佛說希有法　昔所未曾聞　世尊有大力　壽命不可量
无數諸佛子　聞世尊分別　說得法利者　歡喜充遍身
或住不退地　或得陁羅尼　或无导樂說　万億旋揔持
或有大千界　微塵數菩薩　各各皆能轉　不退之法輪
復有中千界　微塵數菩薩　各各皆能轉　清淨之法輪
復有小千界　微塵數菩薩　餘各八生在　皆得成佛道

BD01192　妙法蓮華經卷五

復有小千界 微塵數菩薩 餘各八生在 皆得成佛道
復有四三二 如是四天下 微塵等菩薩 隨數生成佛
或一四天下 微塵數菩薩 餘有一生在 當成一切智
如是等衆生 聞佛壽長遠 得无量无漏 清淨果報
復有八世界 微塵數衆生 聞佛說壽命 皆發无上心
世尊說无量 不可思議法 多有所饒益 如虛空无邊
天雨曼陁羅 摩訶曼陁羅 釋梵如恒沙 无數佛土來
雨栴檀沉水 繽紛而亂墜 如鳥飛空下 供散於諸佛
天鼓虛空中 自然出妙聲 天衣千万種 旋轉而下來
衆寶妙香爐 燒无價之香 自然悉周遍 供養諸世尊
其大菩薩衆 執七寶幡蓋 高妙万億種 次第至梵天
一一諸佛前 寶幢懸勝幡 亦以千万偈 歌詠諸如來
如是種種事 昔所未曾有 聞佛壽无量 一切皆歡喜

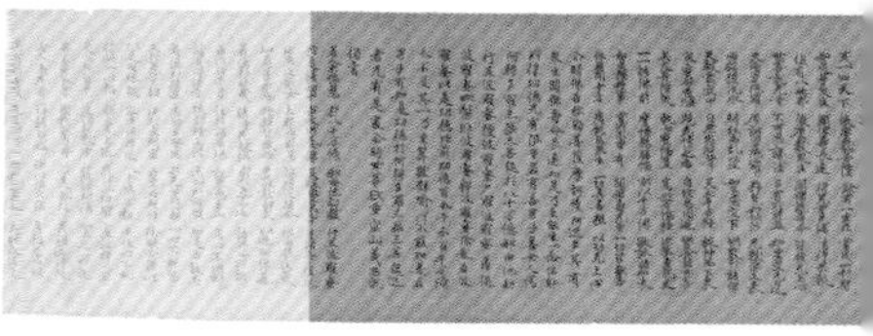

佛名聞十方　廣饒益衆生　一切具善根　以助無上心
尒時佛告弥勒菩薩摩訶薩阿逸多其有
衆生聞佛壽命長遠如是乃至能生一念信解
所得功德无有限量若有善男子善女人為
阿耨多羅三藐三菩提於八十万億那由他劫
行五波羅蜜檀波羅蜜尸羅波羅蜜羼提
波羅蜜毗梨耶波羅蜜禪波羅蜜除般若波
羅蜜以是功德比前功德百分千分百千万億
分不及其一乃至筭數譬喻所不能知若善
男子有如是功德於阿耨多羅三藐三菩提退
者无有是處尒時世尊欲重宣此義而說
偈言
若人求佛慧　於八十万億　那由他劫數　行五波羅蜜
於是諸劫中　布施供養佛　及緣覺弟子　并諸菩薩衆

若人求佛慧　於八十万億　那由他劫數　行五波羅蜜
於是諸劫中　布施供養佛　及緣覺弟子　并諸菩薩衆
珍異之飲食　上服與臥具　栴檀立精舍　以園林莊嚴
如是等布施　種種皆微妙　盡此諸劫數　以迴向佛道
若復持禁戒　清淨无缺漏　求於无上道　諸佛之所歎
若復行忍辱　住於調柔地　設衆惡來加　其心不傾動
諸有得法者　懷於增上慢　為此所輕惱　如是亦能忍
若復勤精進　志念常堅固　於无量億劫　一心不解息
又於无量劫　住於空閑處　若坐若經行　除睡常攝心
以是因緣故　能生諸禪定　八十億万劫　安住心不乱
持此一心福　願求无上道　我得一切智　盡諸禪定際
是人於百千　万億劫數中　行此諸功德　如上之所說
有善男女等　聞我說壽命　乃至一念信　其福過於彼

其有諸菩薩　无量劫行道　聞我說壽命　是則能信受

BD01193 金光明最勝王經卷二

（唐）義净 譯

419.6cm × 28cm

身辟如依空出電依電出光如是依法身故
能現應身依應身故能現化身由性淨故能
現法身智慧清淨能現應身三昧清淨能
現化身此三清淨是法如如不異如如一味如如
解脫如如究竟如如是故諸佛體無有異善男
子若有善男子善女人說於如來是我大
師若作如是決定信者此人即應深心解了
如來之身無有別異善男子以是義故於諸
境界不正思惟悉皆除斷即知彼法無有二
相亦無分別聖所修行如如於彼無有二相正
修行故如是如是一切諸障悉皆除滅如如
一切障滅如是如是法如如如如智得最清
淨如如法界正智清淨如是如是一切自在
[illegible]得成就一切諸障悉皆除滅一

十諸門[illegible]

相如是見者是名聖見是則名為真實見

佛何以故如實得見法真如故是故諸佛悉

能普見一切如来何以故聲聞獨覺已出三界

求真實境不能知見如是聖人所不知見一切

凡夫皆生疑惑顛倒分別不能得度如兔

浮海必不能過所以者何力微劣故凡夫之人

亦復如是不能通達法如如故然諸如来無

分別心於一切法得大自在具足清淨深智

慧故是自境界不共他故是故諸佛如来於

無量無邊阿僧祇劫不惜身命難行苦行

方得此身最上無比不可思議過言說境是

妙寂靜離諸怖畏

善男子如是知見法真如者無生老死壽命

無限無有睡眠亦無飢渴心常在定無有

善男子如是知見法真如者無生老死壽命
無限無有睡眠亦無飢渴心常在定無有
散動若於如來起諍論心是則不能見於如
來諸佛所說皆能利益有聽聞者無不解
脫諸惡禽獸惡人惡鬼不相逢值由聞法故
果報無盡然諸如來無無記事一切境界無欲
知心生死涅槃無有異想如來所說無不決
定諸佛如來四威儀中無非智攝一切諸法無
有不為慈悲所攝無有不為利益安樂諸衆
生者善男子若有善男子善女人於此金光
明經聽聞信解不墮地獄餓鬼傍生阿蘇
羅道常處人天不生下賤恒得親近諸佛
如來聽受正法常生諸佛清淨國土所以者
何由得聞此甚深法故是善男子善女人則
[illegible]

法一經耳者當知是人不謗如來不毀正法
不輕聖衆一切衆生未種善根令得種故已
種善根令增長成熟故一切世界所有衆生
皆勸修行六波羅蜜多
尒時虛空藏菩薩梵釋四王諸天衆等即
從座起偏袒右肩合掌恭敬頂礼佛足白佛
言世尊若所在處講說如是金光明王微妙
經典於其國土有四種利益何者為四一者
國王軍衆強盛無諸怨敵離於疾病壽命延
長吉祥安樂正法興顯二者中宮妃后王子
諸臣和悅無諍離於諂佞王所愛重三者沙
門婆羅門及諸國人修行正法無病安樂无
枉死者於諸福田悉皆修立四者於三時中
四大調適常為諸天增加守護慈悲平等无

BD01193　金光明最勝王經卷二

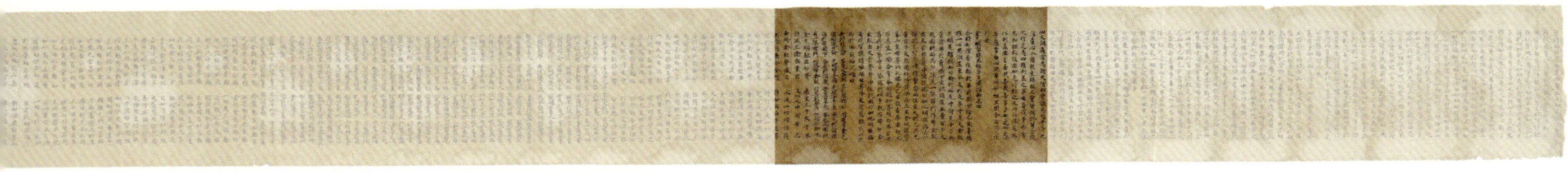

四大調適常為諸天增加守護慈悲平等无
傷害心令諸衆生歸敬三寶皆願修習菩提
之行是為四種利益之事世尊我等亦常
為此經故隨逐如是持經之人所在住處為
作利益佛言善哉善哉善男子如是如是汝
等應當勤心流布此妙經王則令正法久住
於世

金光明最勝王經夢見懺悔品第四

尒時妙幢菩薩親於佛前聞妙法已歡喜踊
躍一心思惟還至本處於夜夢中見大金鼓
光明晃耀猶如日輪於此光中得見十方無
量諸佛於寶樹下坐琉璃座無量百千大
衆圍繞而為說法見一婆羅門桴擊金鼓
出大音聲聲中演說微妙伽他明懺悔法妙

量百千大衆圍繞持諸供具出王舍城詣鷲
峯山至世尊所礼佛足已布設香華右繞三
帀退坐一面合掌恭敬瞻仰尊顏白佛言世
尊我於夢中見婆羅門以手執桴擊妙金
金鼓出大音聲聲中演說微妙伽他明懺悔
法我皆憶持唯願世尊降大慈悲聽我所說
即於佛前而說頌曰
我於昨夜中　夢見大金鼓　其形極姝妙　周遍有金光
猶如盛日輪　光明皆普耀　充滿十方界　咸見於諸佛
在於寶樹下　各處瑠璃座　無量百千衆　恭敬而圍繞
有一婆羅門　以桴擊金鼓　於其鼓聲內　說此妙伽他
金光明鼓出妙聲　遍至三千大千界
能滅三途極重罪　及以人中諸苦厄
由此金鼓聲威力　永滅一切煩惱障
斷除怖畏令安隱　譬如自在牟尼尊

BD01193　金光明最勝王經卷二

由此金鼓聲威力　永滅一切煩惱障
斷除怖畏令安隱　譬如自在牟尼尊
佛於生死大海中　積行修成一切智
能令衆生覺品具　究竟咸歸功德海
由此金鼓出妙聲　普令聞者獲梵響
證得無上菩提果　常轉清淨妙法輪
住壽不可思議劫　隨機說法利群生
能斷煩惱衆苦流　貪瞋癡等皆除滅
若有衆生處惡趣　大火猛焰周遍身
若得聞是妙鼓音　即能離苦歸依佛
皆得成就宿命智　能憶過去百千生
悉皆正念牟尼尊　得聞如來甚深教
由聞金鼓勝妙音　常得親近於諸佛
悉能捨離諸惡業　純修清淨諸善品

彼聞金鼓妙音聲　能令[illegible]
衆生隨在無間獄　猛火炎熾苦焚身
無有救護處輪迴　聞者能令苦除滅
人天餓鬼傍生中　所有現受諸苦難
得聞金鼓發妙響　皆蒙離苦得解脫
現在十方界　常住兩足尊　願以大悲心　哀愍憶念我
衆生無歸依　亦無有救護　為如是等類　能作大歸依
我先所作罪　極重諸惡業　今對十力前　至心皆懺悔
我不信諸佛　亦不敬尊親　不務修衆善　常造諸惡業
或自恃尊高　種姓及財位　盛年行放逸　常造諸惡業
心恒起邪念　口陳於惡言　不見於過罪　常造諸惡業
恒作愚夫行　無明闇覆心　隨順不善友　常造諸惡業
或因諸戲樂　或復懷憂惱　為貪瞋所纏　故我造諸惡
親近不善人　及由慳嫉意　貧窮行諂誑　故我造諸惡
雖不樂衆過　由有怖畏故　及不得自在　故我造諸惡

親近不善人　及由慳嫉意　貧窮行諂誑　故我造諸惡
雖不樂衆過　由有怖畏故　及不得自在　故我造諸惡
或爲躁動心　或因瞋恚恨　及以飢渴惱　故我造諸惡
由飲食衣服　及貪愛女人　煩惱火所燒　故我造諸惡
於佛法僧衆　不生恭敬心　作如是衆罪　我今悉懺悔
於獨覺菩薩　亦無恭敬心　作如是衆罪　我今悉懺悔
無知謗正法　不孝於父母　作如是衆罪　我今悉懺悔
由愚癡憍慢　及以貪瞋力　作如是衆罪　我今悉懺悔
我於十方界　供養無數佛　當願拔衆生　令離諸苦難
願一切有情　皆令住十地　福智圓滿已　成佛導群迷
我爲諸衆生　苦行百千劫　以大智慧力　皆令出苦海
我爲諸含識　演說甚深經　最勝金光明　能除諸惡業
若人百千劫　造諸極重罪　暫時能發露　衆惡盡消除
依此金光明　作如是懺悔　由斯能速盡　一切諸苦業
勝定百千種　不思議總持　根力覺道支　修習常無倦

我[illegible]

我於諸佛海　甚深功德藏　妙智難思議　皆令得具足

唯願十方佛　觀察護念我　皆以大悲心　哀受我懺悔

我於多劫中　所造諸惡業　由斯生苦惱　哀愍願消除

我造諸惡業　常生憂怖心　於四威儀中　曾無歡樂想

諸佛具大悲　能除衆生怖　願受我懺悔　令得離憂苦

我有煩惱障　及以諸報業　願以大悲水　洗濯令清淨

我先作諸罪　及現造惡業　至心皆發露　咸願得蠲除

未來諸惡業　防護令不起　設令有違者　終不敢覆藏

身三語四種　意業復有三　繫縛諸有情　無始恒相續

由斯三種行　造作十惡業　如是衆多罪　我今皆懺悔

我造諸惡業　苦報當自受　今於諸佛前　至誠皆懺悔

於此贍部洲　及他方世界　所有諸善業　今我皆隨喜

願離十惡業　修行十善道　安住十地中　常見十方佛

我以身語意　所修福智業　願以此善根　速成無上慧

我以身語意　所修福智業　願以此善根　速成無上慧
我今親對十力前　發露衆多苦難事
凡愚迷惑三有難　恒造極重惡業難
我所積集欲邪難　常起貪愛流轉難
於此世間耽着難　一切愚夫煩惱難
狂心散動顛倒難　及以親近惡友難
於生死中貪染難　瞋癡闇鈍造罪難
生八無暇惡處難　未曾積集功德難
我今皆於最勝前　懺悔無邊罪惡業
我今歸依諸善逝　我礼德海無上尊
如大金山照十方　唯願慈悲哀攝受
身色金光淨無垢　目如清淨紺琉璃
吉祥威德名稱尊　大悲慧日除衆闇
佛日光明常普遍　善淨無垢離諸塵

福德難思無與等　如日流光照世間
色如琉璃淨無垢　猶如滿月處虛空
妙頗梨網暎金軀　種種光明以嚴飾
於生死苦瀑流內　老病憂愁水所漂
如是苦海難堪忍　佛日舒光令永竭
我今稽首一切智　三千世界希有尊
光明晃耀紫金身　種種妙好皆嚴飾
如大海水量難知　大地微塵不可數
如妙高山叵稱量　亦如虛空無有際
諸佛功德亦如是　一切有情不能知
於無量劫諦思惟　無有能知德海岸
盡此大地諸山岳　析如微塵能算知
毛端滴海尚可量　佛之功德無能數
一切有情皆共讚　世尊名稱諸功德

毛端渧海尚可量　佛之功德無能數
一切有情皆共讚　世尊名稱諸功德
清淨相好妙莊嚴　不可稱量知分濟
我之所有衆善業　願得速成無上尊
廣說正法利群生　悉令解脫於衆苦
降伏大力魔軍衆　當轉無上正法輪
久住劫數難思議　充足衆生甘露味
猶如過去諸最勝　六波羅蜜皆圓滿
滅諸貪欲及瞋癡　降伏煩惱除衆苦
願我常得宿命智　能憶過去百千生
亦常憶念牟尼尊　得聞諸佛甚深法
願我以斯諸善業　奉事無邊最勝尊
遠離一切不善因　恒得修行真妙法
一切世界諸衆生　悉皆離苦得安樂

若有衆生遭病苦　身形羸瘦無所依
咸令病苦得消除　諸根色力皆充滿
若犯王法當刑戮　衆苦逼迫生憂惱
彼受如斯極苦時　無有歸依能救護
若受鞭杖枷鏁繫　種種苦具切其身
無量百千憂惱時　逼迫身心無暫樂
皆令得免於繫縛　及以鞭杖苦楚事
將臨刑者得命全　衆苦皆令永除盡
若有衆生飢渴逼　令得種種殊勝味
盲者得視聾者聞　跛者能行瘂能語
貧窮衆生獲寶藏　倉庫盈溢無所乏
皆令得受上妙樂　無一衆生受苦惱
一切人天皆樂見　容儀溫雅甚端嚴
悉皆現受無量樂　受用豐饒福德具
隨彼衆生

BD01193　金光明最勝王經卷二

悉皆現受無量樂　受用豐饒福德具
隨彼衆生念伎樂　衆妙音聲皆現前
念水即現清涼池　金色蓮華汎其上
隨彼衆生心所念　飲食衣服及牀敷
金銀珎寶妙琉璃　瓔珞莊嚴皆具足
勿令衆生聞惡響　亦復不見有相違
所受容貌悉端嚴　各各慈心相愛樂
世間資生諸樂具　隨心念時皆滿足
所得珎財無悋惜　分布施與諸衆生
燒香末香及塗香　衆妙雜華非一色
每日三時從樹墮　隨心受用生歡喜
普願衆生咸供養　十方一切最勝尊
三乘清淨妙法門　菩薩獨覺聲聞衆
常願勿處於卑賤　不墮無暇八難中
[illegible]

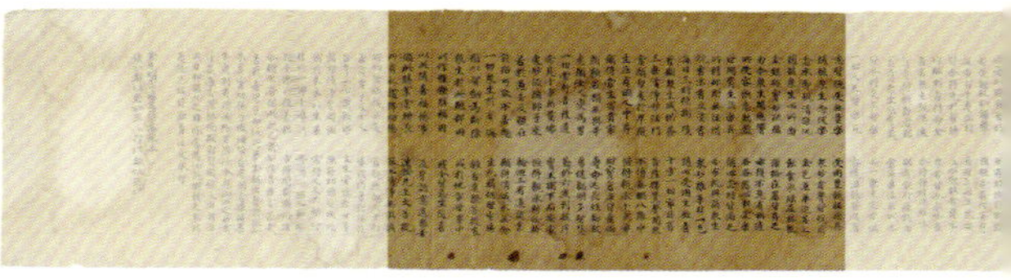

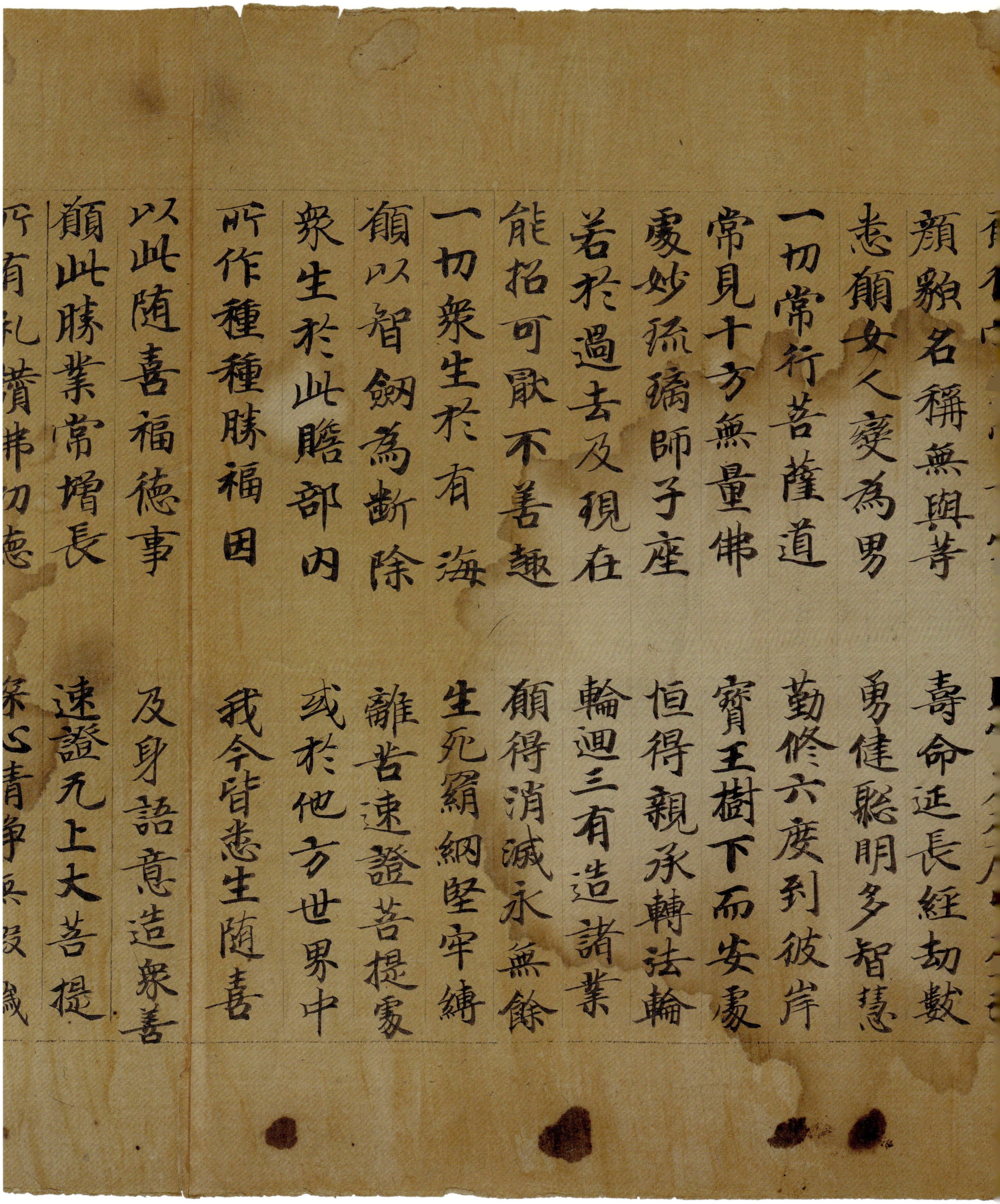

顏貌名稱無與等　壽命延長經劫數
悉願女人變為男　勇健聰明多智慧
一切常行菩薩道　勤修六度到彼岸
常見十方無量佛　寶王樹下而安處
處妙琉璃師子座　恒得親承轉法輪
若於過去及現在　輪迴三有造諸業
能招可猒不善趣　願得消滅永無餘
一切眾生於有海　生死羂網堅牢縛
願以智劍為斷除　離苦速證菩提處
眾生於此贍部內　或於他方世界中
所作種種勝福因　我今皆悉生隨喜
以此隨喜福德事　及身語意造眾善
願此勝業常增長　速證無上大菩提
所有礼讚佛功德　深心清淨無瑕穢

BD01193　金光明最勝王經卷二

願此勝業常增長　速證无上大菩提
所有礼讚佛功德　深心清淨無瑕穢
迴向發願福無邊　當超惡趣六十劫
若有男子及女人　婆羅門等諸勝族
合掌一心讚歎佛　生生常憶宿世事
諸根清淨身圓滿　殊勝功德皆成就
願於未來所生處　常得人天共瞻仰
非於一佛十佛所　修諸善根今得聞
百千佛所種善根　方得聞斯懺悔法
尒時世尊聞此說已讚妙幢菩薩言善哉
善哉善男子如汝所夢金鼓出聲讚歎如
来真實功德并懺悔法若有聞者獲福甚
多廣利有情滅除罪障汝今應知此之勝業
皆是過去讚歎發願宿習因緣及由諸佛

金光明冣勝王經卷苐二

礦古猛 鍊蓮見 鎔欲鍾 渟大丁 捋霞于 鎖蘇果 罥古縣

BD01193　金光明最勝王經卷二

BD01194 佛名經（十六卷本）卷一二

1462.3cm × 30.4cm

佛說佛名經卷第十三

南无无量意功德王

无地自在王佛

南无離塵功德佛

南无金剛妙佛

南无月勝佛

南无勝頭華佛

南无多摩羅跋香

南无月藏佛

南无浮提光月佛

南无

南无騶

勝佛

南无沉水香佛

南无海香佛

南无龍藏佛
南无寶[illegible]目佛
南无大雲藏佛
南无智德佛
南无金剛藏佛
南无住持地佛
南无虛空平等佛
南无勝藏佛
南无濡語佛
南无有德佛
南无山藏佛
南无妙鼓佛
南无愛勝佛
南无鼓僧上佛
南无歡喜藏佛
南无日藏佛
南无行勝佛
南无寶語佛
南无知勝佛
南无妙聲佛
南无自在勝佛
南无勝妙勝佛

BD01194　佛名經（十六卷本）卷一二

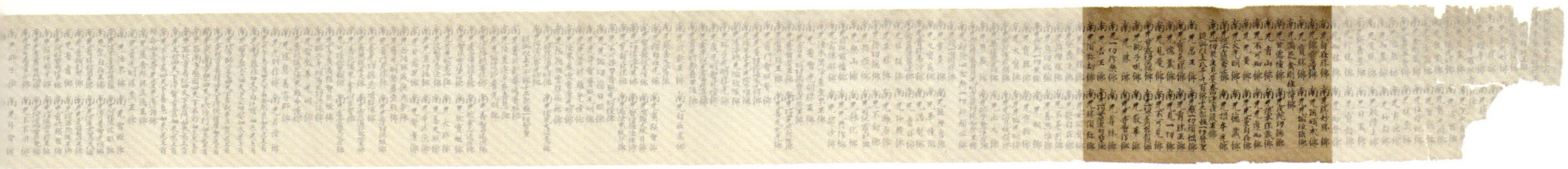

南无自在勝佛　南无勝妙勝佛
南无佛寶幢佛　南无隨順戒佛
南无寶勝佛　南无无垢琉璃佛
南无滿足金剛住持佛
南无甘露幢佛　南无成就功德佛
南无香山佛　南无根本勝藏佛
南无不可知佛　南无无邊知佛
南无无量佛　南无无量自在佛
南无火光明佛　南无德藏佛
南无根本莊嚴奮迅佛　南无根本光佛
南无一切衆生見愛人意自在嚴王佛

從此以上八千八百佛十二部經一切賢聖

南无忍王佛　南无離一切煩惱佛
南无寶色勝佛　南无香勝王佛
南无憶藏佛　南无見一切佛
南无見愛佛　南无不可見佛
南无甘露功德稱佛　南无一切畏差別能斷疑佛
南无師子吼佛　南无散華佛
南无勝佛　南无无等智作佛
南无一切作樂佛　南无尊勝佛
南无吉王佛　南无一切世間道自在王佛
南无須弥劫佛　南无勝須弥佛

南无須彌劫佛　南无勝須彌佛
南无解勝佛　南无世間聲佛
南无堅奮迅佛　南无堅自在佛
南无旃檀勝佛　南无不差別佛
南无息切德佛　南无善思惟佛
南无能斷一切業佛　南无相佛
南无寶勝佛　南无寶輪佛
南无大寶佛　南无无垢光明佛
南无樂說莊嚴稱佛　南无无垢月幢稱佛
南无華莊嚴光明佛　南无出火佛
南无畏觀佛　南无師子奮迅力佛
南无寶蓋[illegible]日月光明莊嚴一切德[illegible]聲王佛

南无祕密心念盡一切疑煩惱佛

南无破一心闇勝佛

南无寶炎佛　南无旃檀香佛

南无火寶炎佛　南无華幢佛

南无普勝帝沙佛　南无滿賢佛

南无最力精進奮迅佛　南无香勝佛

南无勝稱佛　南无淨鏡佛

南无華勝佛　南无離塵佛

南无得功德佛　南无不動佛

南无旃檀佛　南无曰陁羅財佛

南无欒山佛　南无能化佛

南无阿毗羅蓮佛　南无[illegible]佛

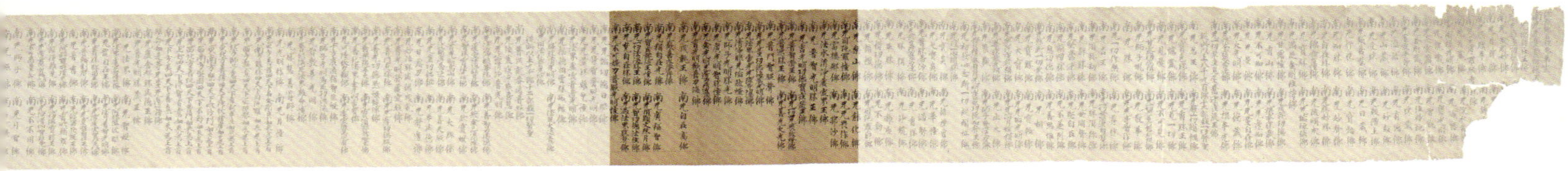

南无尊山佛　南无解化佛
南无因陁羅幢佛　南无无畏作佛
南无富樓那佛　南无弗沙佛
南无法水清淨虛空界王佛
南无普智光明勝王佛
南无香光明功德寶莊嚴王佛
南无普智聲王佛　南无一切四无畏然燈佛
南无普速勝王佛　南无善光火光佛
南无普門智照聲佛
南无无量功德海藏光明佛
南无法界電光无障㝵功德佛
南无青淨眼光台出登佛

南无師子光明勝光佛

南无廣光明智勝幢佛

南无金光明无邊力精進成佛

南无香光明歡喜力海佛

南无成就王佛

南无自在高佛

南无歡喜大海速行佛

南无廣稱智佛

南无稱自在光佛

南无相顯文殊月佛

南无智成就海王幢佛

南无智功德法住佛

南无一切法海勝王佛

南无過法界勝聲佛

南无梵自在勝佛

南无不可嫌力普照光明幢佛

南无梵自在勝佛　南无過法界勝聲佛
南无不可嫌力普照光明幢佛
南无无垢功德日眼佛
南无无导智普照光明佛
南无无量勝雞兜幢佛
南无法界虛空普遍光明佛
南无福德相雲勝威德佛
南无照勝頂光明佛　南无法風大海意佛
南无相法化普光明佛
從此以上九千佛十二部經一切賢聖
南无普成就眷屬普照佛
南无法盡疾速歡喜集佛

南无无垢清淨普光明佛
南无清淨眼華勝佛　南无善智力威德佛
南无虛空清淨眼月佛　南无然金色須彌燈佛
南无智勝寶法光明佛　南无然寶燈佛
南无普光明高山佛　南无大勝佛
南无波頭摩奮迅佛　南无善天照佛
南无无盡功德佛　南无華威德佛
南无甘露力佛　南无聲邊佛
南无妙法勝威德成就佛
南无普光明聲虛空照佛
南无普門見勝佛　南无无邊功德照佛

南无普門見勝佛　南无无邊功德照佛
南无普光功德然燈鏡像佛
南无善樂現華光佛　南无寶須彌然燈王佛
南无善化法界金光明雷聲佛
南无可降伏力願佛　南无虛空誠慧吼聲佛
南无十方廣遍稱智然燈佛
南无師子光明滿足功德海佛
南无智敷華光明佛
南无普眼滿足法界雞兜幢佛
南无勝慧善導師佛
南无光明作佛　南无月幢佛
南无定方善權四天下石金剛具足之爲言

南无南方鬘勝四天下尼陁羅如来為上首
南无西方親意四天下婆樓那如来為上首
南无北方師子意四天下摩訶牟尼如来為上首
南无東北方善擇四天下降伏諸魔如来為上首
南无東南方樂四天下毗沙門如来為上首
南无西南方堅固四天下不動如来為上首
南无西北方善地四天下普門如来為上首
南无上妙四天下得智者意如来為上首
南无下方炎四天下善集如来為上首
歸命如是等无量无邊諸佛
南无盧舍那勝威德王佛

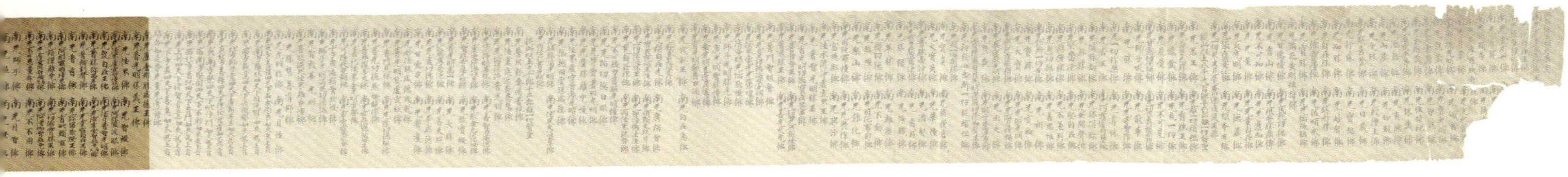

南无盧舍那勝威德王佛
南无普光明勝藏王佛
南无法界佛　南无智燈佛
南无法界虛空智幢照佛　南无阿弥濫波眼佛
南无龍自在王佛　南无法月普智光明佛
南无普勝弥留王佛　南无无障虛空智雞兜燈王佛
南无普輪到聲佛　南无无量宿自在王佛
南无普香佛　南无弥留然燈王佛
南无阿那羅勝境界佛　南无香毗頭羅佛
南无旃檀雞兜佛　南无一切佛寶勝王佛
南无无邊世間智輪雞兜佛　南无阿僧伽智雞兜佛
南无不可思量入命佛　南无不大月佛

南无師子佛　南无月智佛
南无照佛　南无燈佛
南无无垢佛　南无山勝佛
南无波頭勝藏佛　南无盧舍那佛
南无普眼佛　南无梵命佛
南无婆藪天佛
南无无邊光明平等法界莊嚴王佛
南无力光明佛　南无高行佛
南无旃檀遠佛　南无金色意佛
南无妙飲佛　南无高聲佛
南无最勝佛　南无高見佛
南无[illegible]佛　南无[illegible]佛

南无最勝佛　南无高見佛
南无吉沙佛　南无弗沙佛
南无高稱佛　南无娑波頭摩佛
南无普功德佛　南无作燈佛
南无善自佛　南无一切法佛吼王佛
南无山幢身眼勝佛　南无寶勝然燈功德幢佛
南无普智寶炎勝功德佛　南无功德幢佛
南无因陁羅幢勝雞兜佛
從此以上九千一百佛十二部經一切賢聖
南无勝輪佛　南无大悲雲幢佛
南无金剛那羅延難兜佛

南无陀曇眼安隱滿足佛
南无大炎山勝莊嚴佛　南无一切法海勝王佛
南无涅槃法海光佛　南无寶髻炎滿足燈佛
南无一切十億國土微塵同名金剛藏佛
南无十億國土微塵同名金剛難勝佛
南无十百千國土微塵數同名金剛幢佛
南无十百千國土微塵數同名善法佛
南无十百千國主微塵數同名稱心佛
南无十國土微塵數同名普功德佛
南无不可說佛國主微塵數同名不可勝佛
南无不可說佛國土微塵數同名毗婆尸佛
南无十佛國土微塵數同名普幢佛

南无八百億佛國土微塵數同名普[illegible]佛

南无十佛國土微塵數同名普幢佛

南无八十億佛國土微塵數不可數百千劫億那由他同名普賢佛

南无一切佛國土微塵數同名佛勝佛

南无十佛國土微塵數百千万億那由他不可説同名普稱自在佛

南无賢勝王佛　南无一切德海光明勝照藏佛

南无法界虚空滿足不退佛　南无法界吼佛

南无不退轉法輪界聲佛　南无法樹山威德佛

南无一切法堅固吼王佛　南无寶光焰燈幢王佛

南无一切德山光明威德王佛　南无一法雲吼王佛

南无名聲王佛
南无法電幢王勝佛
南无法燈智力山威德王佛
南无一切法印吼威德王佛
南无无垢法山威德燈佛
南无法輪光明頂佛
南无法光明勝雲佛
南无法海說聲王佛
南无法日智輪然燈佛
南无法華高幢雲佛
南无法炎山難勝王佛
南无法行深勝月佛
南无法智普光明藏佛
南无常知作化佛
南无山王勝藏王佛
南无普門賢弥留法疾精進幢佛
南无一切法寶俱蘇摩勝雲佛
南无寂靜光明身髻佛
南无法光明慈鏡像月佛
[illegible]

南无寂静光明身髻佛　南无法光明慧鏡像月佛
南无炎勝海佛　南无智日普照佛
南无普輪佛　南无智照頂王佛
南无智山法界十方光明威德王佛
次礼十二部尊經大藏法輪
南无國王薩經　南无阿毗曇經
南无金剛密迹經　南无持世經
南无阿那律八念經　南无等集經
南无迦羅越經　南无阿難問曰緣持戒經
南无薩和達王經　南无阿難邠利四時施經
南无阿闍世王經　南无[illegible]經

南无德光太子經　南无阿闍經

南无阿陁三昧經　南无胞藏經

南无阿鳩留經　南无漸備一切智經

南无菩薩悔過經　南无阿闍世女經

南无曉所諍不解者經　南无菩薩十遍和經

南无阿救經　南无惡人經

南无菩薩等行衆國經　南无阿毗曇九十八結經

南无趣度世道經　南无惟越經

次礼十方諸大菩薩

南无文殊師利菩薩摩訶薩　南无觀世音菩薩

南无大勢至菩薩　南无普賢菩薩

南无龍象菩薩　南无龍德菩薩

南无大勢至菩薩　南无普賢菩薩
南无龍勝菩薩　南无龍德菩薩
南无勝成菩薩　南无勝藏菩薩
南无波頭勝菩薩　南无成就有菩薩
南无地持菩薩　南无寶掌菩薩
南无寶印手菩薩　南无子意菩薩
南无虛空藏菩薩　南无師子奮迅吼聲菩薩
南无發心即轉法輪菩薩
從此以上九千二百佛十二部經一切賢聖
南无一切義差別樂說菩薩　南无山樂說菩薩
南无大海音菩薩　南无大山菩薩
南无愛見菩薩　南无歡喜王菩薩

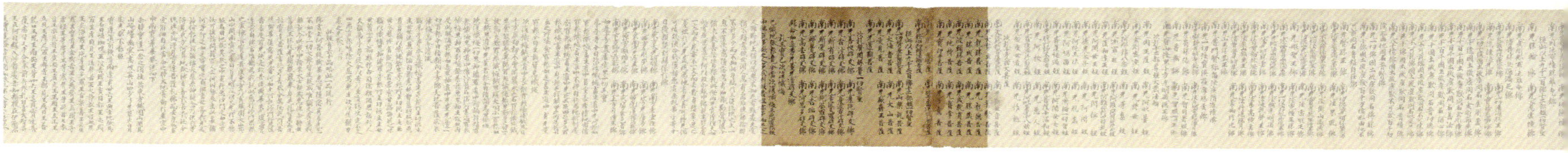

南无邊觀菩薩
次礼聲聞緣覺一切賢聖
南无善快辟支佛　南无違陁辟支佛
南无吉沙辟支佛　南无憂波吉沙辟支佛
南无斷有辟支佛　南无憂波支羅辟支佛
南无斷愛辟支佛　南无施婆羅辟支佛
南无轉覺辟支佛　南无吉怙辟支佛
南无高去辟支佛　南无阿崽多辟支佛
歸命如是等无量无邊辟支佛
礼三寶已次復懺悔
已懺地獄報竟今當次復懺悔三惡道報經
中佛說多欲之人多求利故苦惱亦多知足之

已悕地獄畜鬼令常沒溺悕惱三惡道斬絕
中佛説多欲之人多求利故苦惱亦多知足之
人雖卧地上猶以為樂不知足者雖處天堂
猶不稱意但世間人忽有急難便能捨財
不計多少而不知此身臨於三塗深坑之上一
息不還便應墮落忽有知識勸營功德令
脩未來善法資糧執此慳心无肯作理夫知
此者擬為愚惑何以故尒經中佛説生時不賫
一文而來死亦不一文而去苦身積聚為之
憂惱於已无益從為他有无善可恃无德
可怙致使命終墮諸惡道是故弟子等今
日普願懇切歸依三寶

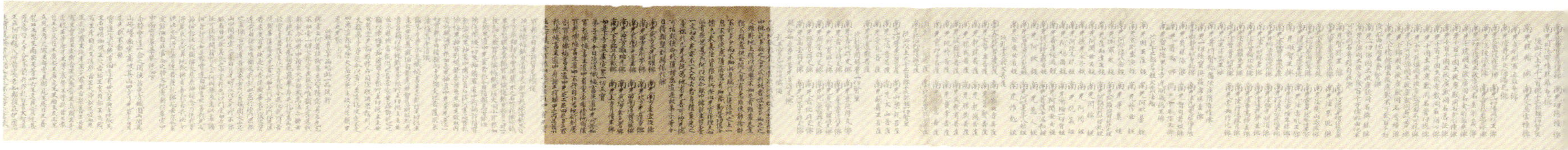

南无東方大光明佛　南无南方虛空住佛
南无西方金剛步佛　南无北方无邊力佛
南无東南方无邊王佛　南无西南方壞諸怨賊佛
南无西北方離垢光佛　南无東北方金色音佛
南无下方師子遊戲佛　南无上方月幢王佛
如是十方盡虛空界一切三寶
弟子等今日次復懺悔畜生道中无所識知
罪報懺悔畜生道中負重牽犁償他宿債
罪報懺悔畜生道中不得自在為他所刺屠
割罪報懺悔畜生道中无足二足四足多足罪
報懺悔畜生道中身諸毛羽鱗甲之內為諸小
虫之所唼食罪報[illegible]畜生道中[illegible]

報懺悔畜生道中身諸毛羽鱗甲之内為諸小
虫之所唼食罪報如是畜生道中有无量
罪報今日至誠皆悉懺悔
次復懺悔餓鬼道中長飢罪報懺悔餓鬼百
千万歲劫初不曾聞漿水之名罪報懺悔餓
鬼食噉膿血糞穢罪報懺悔餓鬼動身之時一切
枝節火然罪報懺悔餓鬼腹大咽小罪報如
是餓鬼道中无量苦報今日稽顙皆悉懺悔
次復懺悔一切鬼神脩羅道中諭諂詐稱罪
報懺悔鬼神道中擔沙負石填河塞海罪報
懺悔鬼神羅刹鳩槃荼者惡鬼神生噉血肉

受此醜陋罪報如是鬼神道中无量无邊一
切罪報今日稽顙向十方佛大地菩薩求哀
懺悔悉令消滅
願弟子等承是懺悔畜生等報所生功德生
生世世滅愚癡垢自識業緣智慧明照斷惡
道身願以懺悔餓鬼等報所生功德生生世
世永離慳貪飢渴之苦常飡甘露解脫之味
願以懺悔鬼神脩羅等報所生功德生生世
世質直无諂離邪命因除醜陋果福利人
天願弟子等從今以去乃至道場決定不受
四惡道報唯除大悲為衆生故以誓願力

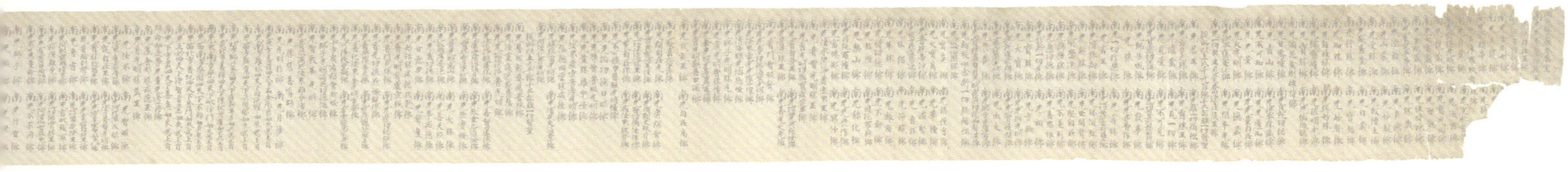

四惡道報唯除大悲為衆生故以誓願力
處之无猒 礼一拜
此經有六十品略此一品流行
佛言云何菩提樹華悉皆墮落其華光色
不如常一切大衆皆生疑惑唯願天尊為我
解說令此衆中諸坐大士疑惑悉除尒時世
尊從三昧起光顏巍巍舉身毛孔皆悉出光
語寶達菩薩言汝等善聽令為汝說所以菩
提樹華墮落失光者何如上所說沙門行惡墮
苦處受罪无殃是故菩提樹華失光墮落寶
達前白佛言唯願為我說此惡行沙門果報
之處佛告寶達菩薩東[illegible]鐵圍之山其

山中闇幽冥之處日月光明不及火光所不能
照名曰地獄其獄之中有行惡沙門受如是罪
汝可往詣問諸罪人云何因緣來生此處備
何等行受如是罪寶達白佛言世尊我无威
神何能往詣願佛大悲乘神願念乃使我等
得見東方阿鼻地獄佛言善哉善哉汝今
但往令汝得見寶達菩薩礼佛而去龍飛虛
空俳佪自在當尒之時大地震動於虛空中
中雨寶蓮華飛流而下
尒時寶達一念之頃往詣東方鐵圍山間其
山崦㠁幽冥高峻其山四方了无草木日月

山崦嵋幽冥高峻其山四方了无草木日月
威光都不能照
寶達須前便道兩邊有卅六王典主地獄其
王名日恒伽喋王波吉頭王廣目都王安頭
羅王虎目見王陽聲吉王大諍訟王吸血鬼
王安得羅王陁達王多羅王吉梨善王安侯
羅王寶首王金樹吉王大惡聲王鳥頭王等
虎眼王等烏牙王等震聲王等歸首王衣
首王衣見首王廣安王廣定王王顛王立正王
立見王摩尼羅王都曹王鄣見王惡目王善
龍口王鬼王南安王等卅六王遙見寶達菩
薩悲智入[illegible]合掌前行作礼白言大[illegible]尊

王云何因緣入此惡處示女身在伊蘭而
生寶達答言我聞如來三界人尊說言東
方有鐵圍山其山幽冥日月之光所不能照我
故聞之故來詣汝諸王前入地獄行諸罪人
汝等諸王誰能共我往詣大王前見罪人受
苦之者尒時恒伽嚛王即便與寶達菩薩
往詣大尒時大鬼王遥見寶達菩薩從門而
來光顏蹤瑢即便下坐往前礼敬白言大士今
此惡處云何住彼伊蘭林中忽生栴檀
尒時寶達便前就以問鬼王曰今此東方地獄可
有幾獄鬼王答言此山之中有无量地獄今

有幾獄鬼王荅言此山之中有无量地獄今
此一方有卅二沙門地獄寶達問曰卅二地獄
其名云何鬼王荅曰鐵車鐵馬鐵牛鐵驢地
獄鐵衣地獄銖洋銅灌口地獄流火地獄鐵
林地獄耕田地獄斫首地獄燒腳地獄鐵鋝地
獄飲鐵銖地獄飛刀地獄火箭地獄䰠肉地
獄身燃地獄火丸仰口地獄諍論地獄雨火地
獄流火地獄糞屎地獄鈎膗地獄火鳥地
獄呼聲咬叩地獄諸鏃錐地獄崩埋地獄坐
手腳地獄銅狗鋸牙地獄剝皮飲血地獄解
身地獄鐵屋地獄鐵山地獄飛火支叩尒頭
地火

爾時鬼王答寶達曰地獄受罪其名如是寶
達即便入地獄中上高樓頭四顧望視見
罪人等各從四門唆叫而入寶達前入鐵車
鐵馬鐵牛鐵驢此四小獄并為一地獄云何名
曰鐵車鐵馬鐵牛鐵驢地獄此地獄方圓縱廣
十五由旬其中鐵城高一由旬猛火煇赫焰然
其車鐵作焱赫熾然中有鐵牛其身亦然
頭角毛尾皆如鋒鉅其中火然焰炎俱出
其鐵馬者身毛豪尾列鑿如鉤鋒毛尾火然
焰炎俱出其鐵驢者亦復如是其地獄中有
鐵鏃鑱鑿如鋒鉅鐵鏘遼乱遍布其地其鏘

鉾鋸鐃鍪如鈴鉅鉾鉾遼乱遍布其地其鉾
火然猛盛於前
尒時北門之中有五百沙門㖃聲咬叫口眼
火出唱如是言云何我今受如是苦獄卒夜
叉馬頭羅刹手捉三鈷鐵叉望背而鍾胷前
而出復有鐵索來縺其髀其索火然燒罪人
髀復有鐵枷枷罪人咽其枷八方裂鋻而鋒鉅
烟火猛熾來燒罪人頸
尒時罪人宛轉倒地而不肯前馬頭羅刹手捉
鐵鋒望頭而打罪人身體碎如微塵復有鐵
鬼來食其肉復有餓狗來飲其血馬頭羅
刹翕然地拔舌苦罪人即舌

尒時鐵牛吼喚跪地其牛吼喚來向罪人罪
人迫迮窓轉於地馬頭羅剎手捉鐵叉叉着車
車上罪人跳踉復墮牛上牛毛仰刺從腹而入
背上而出牛復跳踉復墮馬上馬毛仰刺亦
如鋒釪馬尾迸之身即碎爛須臾還活
尒時鐵馬舉脚連蹹身碎如塵須臾還活復
騎鐵驢驢即跳踉罪人墮地驢便大瞋舉脚
連蹴須臾還活一日一夜受罪无量寶達問
馬頭羅剎曰與諸沙門云何如是
羅剎荅曰與諸沙門受佛禁戒不惜將來但
取現在違犯淨戒故作惡業畜不淨物乘車

獄卒答曰此言沙門受佛尊戒不惜將來但
取現在違犯淨戒故作惡業畜不淨物乘車
騎馬走驢活生心无慈善不護威儀受人施
惡因緣故墮此地獄百千万劫若得為人身
不具足聾盲闇塞不見三寶不聞正法寶
達聞之悲泣歎曰云何沙門應為出三界云
何惡業受如是罪寶達即去
南无智山界十方光威功王佛
南无功德光俱蘇摩燈佛　南无智炬高難勝幢王佛
南无日照光明王佛　南无相山佛
南无莊嚴山佛　南无日步普照佛
南无去[illegible]因業功德佛　南无[illegible]光去天金剛堅雄大幢佛

南无普[illegible]佛　南无[illegible]佛

南无切德俱蘊摩身重擔佛

南无道場覺勝月佛　南无然法炬勝月佛

南无普賢光明頂佛　南无法幢燈金剛堅幢佛

南无稱山勝雲佛　南无旃檀勝月佛

南无普勝俱蘊摩威德菩提佛

南无照一切王佛　南无波頭摩勝藏佛

南无香炎照王佛　南无曰波頭摩佛

南无相山照佛　南无普稱切德王佛

南无普門光明須弥山佛

南无法城光明勝切德山威德王佛

南无普門光明須彌山佛

南无法城光明勝功德山威德王佛

南无勝相佛　南无法力勇猛幢佛

南无轉法輪光明吼聲佛　南无光明功德山智慧王佛

南无轉法輪月勝波頭摩昭佛

南无佛幢自在功德不可勝幢佛

南无寶波頭摩光明藏佛　南无光明峯雲燈佛

南无普覺俱蘇摩佛　南无種種光明勝山藏佛

南无明輪峯王佛　南无功德雲盡佛

南无法峯雲幢佛　南无法日雲燈王佛

南无功德山威德佛　南无法雲十方稱王佛

南无去[illegible]蓋雲佛　南无[illegible]智[illegible]幢佛

南无智安德佛　南无法輪行淨勝月佛
南无金山威德賢佛　南无賢勝山威德佛
南无普慧雲聲佛　南无法力勝山佛
南无香炎勝王佛　南无伽那迦摩尼山威德佛
南无頂藏一切法光輪佛　南无然法輪威德佛
南无山峯勝威德佛　南无普精進炬佛
南无三昧海廣頂冠光佛　南无寶妙勝王佛
南无日勝妙佛　南无法炬寶帳聲佛
南无法虛空无邊光師子佛
南无相莊嚴幢月佛　南无光明山雷電雲佛
南无法虛空无㝵光佛　南无妙肴敷身佛

南无相琉璃旋[illegible]佛　南无光明山[illegible]佛

南无法虚空无导光佛　南无妙智敷身佛

南无世間日陁羅妙光明雲佛

南无法三昧光佛　南无法善莊嚴藏佛

南无法然燈炎堅固幢佛　南无三世相鏡像威德佛

南无法輪峯光明佛　南无法界師子光明佛

從此以上九千三百佛十二部經一切賢聖

南无盧舍那勝須弥山三昧堅固師子佛

南无普光明珹燈佛　南无寶俱蘇摩藏佛

南无轉妙法輪幢佛　南无虚空劫燈佛

南无法幢佛　南无安隱世間月佛

南无摩訶加羅那師子佛　南无可樂佛

南无安隱佛　南无增上信威德佛
南无醫王佛　南无法虛空上勝王佛
南无天藏佛　南无地峯王佛
南无轉法輪光明吼王佛　南无智虛空樂王佛
南无一切吼王佛　南无不可降伏佛
南无力離塊佛　南无轉法輪化菩光明菩佛
南无相勝山佛　南无具足堅聚佛
南无垢婆羞佛　南无住持疾行佛
南无遍相佛　南无无垢婆侯佛
南无師子步脩佛　南无天自在頂佛
南无法起稱佛　南无火无憂嚛佛
南无羅空燈佛　南无无台幢佛

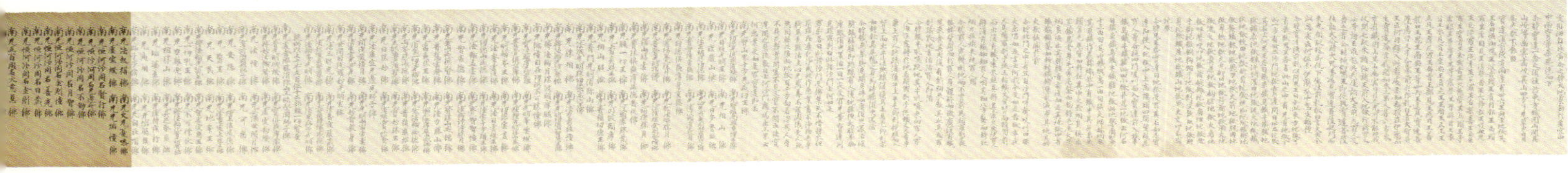

南无法起稱佛　南无火无憂棶佛
南无虛空燈佛　南无无垢幢佛
南无恒河沙同名賢行佛
南无恒沙河同名无邊命佛
南无恒河沙同名不動佛
南无恒河沙同名月智佛
南无恒河沙同名金剛幢佛
南无恒河沙同名善光佛
南无恒河沙同名日藏佛
南无恒河沙同名金剛佛
南无五百同名大慈悲佛

南无普智実功德幢王佛
南无善逝法幢集勝佛
南无頂須弥佛　南无功德顯佛
南无自在佛　南无稱王佛
南无无量愛佛　南无本稱功德佛
南无須弥山佛　南无日月面佛
南无如是等无量佛　南无虛空行佛
南无普照佛　南无方城任佛
南无勝光佛　南无雲勝佛
南无法実山佛　南无波頭摩王佛
南无法界華佛　南无海燈佛
南无稱佛　南无如是等无量无邊佛

南无寐佛
南无如是等无量无邊佛
南无寶雞兜王佛
南无智意佛
南无思議佛
南无日陁羅勝佛
南无天智佛
南无雲王无畏佛
南无智勝佛
南无光明王鷄兜佛
南无勝奮迅功德去佛
南无法界波頭摩佛
南无行廣見佛
南无如是等无量无邊佛
南无寶炎山佛
南无勝光佛
南无寶切德佛
南无海勝佛
南无法光明佛
南无波頭摩佛
南无藏業佛
南[illegible]佛

南无如是等无量无邊佛　南无香光佛
南无須弥勝佛　南无嶽王佛
南无滐佛　南无摩尼佛
南无藏王佛　南无威德德无畏佛
南无舜色去佛
南无如是等无量无邊佛
南无廣知佛　南无寶光明佛
南无虛空雲勝佛　南无妙相佛
從此以上九千四百佛十二部經一切賢聖
南无勝相、佛　南无莊嚴佛
南无行輪佛　南无光勝佛
南无光明勝佛　南无如是等无量无邊佛

南无[illegible]輪佛　南无[illegible]勝佛
南无光明勝佛　南无如是等无量无邊佛
南无那羅延行佛　南无須弥勝佛
南无功德輪佛　南无勝王佛
南无不可降伏佛　南无山王樹佛
南无如是等无量无邊佛
南无娑羅自在佛　南无勝藏佛
南无世間自在身佛　南无鏡像光明佛
南无地出佛　南无光明功德佛
南无金剛色佛　南无住持威德勝佛
南无如是等无量无邊佛
南无[illegible]光月身佛　南无[illegible]海[illegible]佛

南无珍寶幢勝光明意佛　南无寶光明勝佛
南无梵光佛　南无虛空聲佛
南无法界鏡像勝佛　南无輪光明佛
南无智光高難兜意佛　南无伽伽那燈佛
南无樂勝照佛　南无功德光明勝佛
南无舜勝佛　南无大悲速疾佛
南无地力光明意佛　南无一切脩面色佛
南无勝身光明佛　南无法勝宿佛
南无阿尼羅速行佛　南无清淨幢蓋勝佛
南无三世鏡像佛　南无願海樂說勝佛
南无慙愧須弥山勝佛　南无念難兜王勝佛
南无法意佛　南无慧燈佛

南无[illegible]七[illegible]佛
南无寶[illegible]佛

南无慚愧須弥山勝佛
南无念離兜王勝佛

南无法意佛
南无慧燈佛

南无光離兜勝佛
南无廣智佛

南无法界行智意佛
南无法海意智勝佛

南无法寶勝佛
南无功德輪佛

南无勝雲佛
南无忍辱燈佛

南无勝威德意佛
南无速光明賒摩他智佛

南无彌幢佛
南无世間燈佛

南无大願勝佛
南无不可降伏幢佛

南无智炎勝功德佛
南无法自在佛

南无[illegible]得意佛

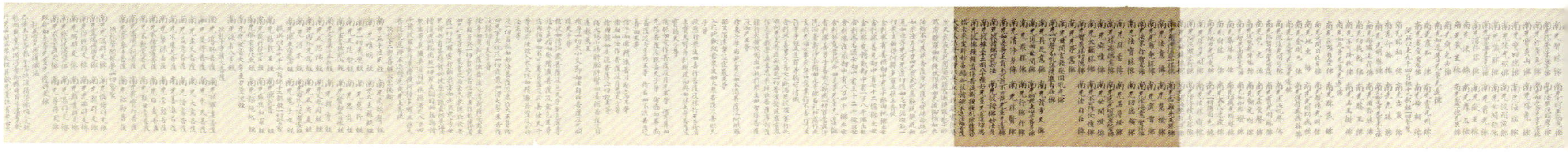

南无世間言説堅固明光佛
南无一切聲分吼勝精進自在佛
南无具足意佛　南无諸方天佛
南无現面世間佛　南无知衆生心平等身佛
南无最勝佛　南无行佛行行佛
南无清淨身佛　南无勝賢佛
南无如是等上首不可説不可説无量无邊佛
南无彼諸佛所説妙法　南无彼諸佛妙法身
南无彼佛三十二相八十種好无量无邊功德
南无彼佛種種道場菩提樹種種形像種種妙
塔去來坐卧妙處歸命彼諸佛不退法輪菩薩
大衆不思議聲聞僧比丘比丘尼優婆塞優婆夷

塔去來坐卧妙處歸命彼諸佛不退法輪菩薩
大衆不退聲聞僧比丘比丘尼優婆塞優婆
夷天龍夜叉乾闥婆阿脩羅迦樓羅緊那
羅摩睺羅伽種種狀狼信如來法輪輪如來
法輪不可思議菩薩摩訶薩悉皆歸命歸命
如來法身十力四无畏戒定慧解脫解脫知
見如是等无量无邊功德如是功德迴施一
切衆生願得阿耨多羅三藐三菩提
舍利弗有善根劫中有七十那由他佛出世
舍利弗善見劫中有七十二億佛出世
舍利弗梵讚歎劫中有一万八千佛出世

舍利弗名過去中有三十二千佛出世
舍利弗莊嚴劫中有八万四千佛出世
舍利弗應當歸命如是等无量无邊佛
舍利弗善男子善女人欲滅一切罪當應淨
洗浴著新淨衣稱如是等佛名礼拜應作是
言我无始世界来身口意業作不善行乃至
謗方等經五逆罪等願皆消滅
舍利弗善男子善女人欲滿足波羅蜜行欲
迴向无上菩提欲滿足一切菩薩諸波羅蜜應
作是言我學過去未来現在菩薩摩訶薩
脩行大捨披匈出心施於衆生如智勝菩薩
及智王等

脩行大捨披覆出心施於衆生如智勝菩薩
及迦尸王等
捨妻子等布施貧乏如不退菩薩及阿翅羅
那王須達拏及莊嚴王等
入於地獄救苦衆生如大悲菩薩及善眼天
子等
救惡行衆生如善行菩薩及勝行王等捨頂
上寶天冠并剃頭皮而與如勝上身菩薩及
寶髻天子等
捨眼如愛作菩薩及月光王等　捨耳鼻如
无怨菩薩及象去天子等　捨齒如華齒

菩薩及六牙象王等　捨舌如不退菩薩及

善面王等

捨手如常精進菩薩及堅意王等

捨血如法作菩薩及月思天子等

捨肉髓如安隱菩薩及一切施主等

捨大腸小腸肝肺脾腎如善德菩薩及自

遠離惡王

捨身一切大小支節如法自在菩薩及光明

勝天子等

捨皮如清淨藏菩薩及色天子金色鹿王等

捨手足指如堅精進菩薩及金色王等

捨肉指甲如不可盡菩薩及求善法天子

有[illegible]如是[illegible]王等
捨內指甲如不可盡菩薩及求善法天子
等爲求法故入大火坑如精進菩薩及求妙
法王等
受一切苦惱如妙法菩薩及速行大王等捨
四天下大地及一切莊嚴如得大勢至菩薩
及勝切月天子等
捨身如摩訶薩埵菩薩及摩訶薩婆羅王
等自身與一切貧窮苦惱衆生作給使侍者
如尸毗王等舉要言之過去未來現在諸菩
薩一切波羅蜜行願我亦如是成就十方世
界者妙音菩薩者妙女樂我通善供養諸菩

佛復迴此福德施一切衆生願回此福德諸
衆生等莫隨要道回此福德滿足八万四
千諸波羅蜜行速得授阿耨多羅三藐三
菩提記速得不退轉速成无上菩提
次礼十二部尊經大藏法輪
南无五十法戒經　南无受欲聲經
南无惟明經　南无五蓋離疑經
南无一切義要經　南无慧行經
南无五陰喻經　南无思道經
南无王舍城鷲山經　南无賢劫五百佛經
南无五百弟子本起經　南无摧變經

南无三[illegible]經　南无[illegible]經
南无五百弟子本起經　南无摧變經
南无五恐怖經　南无父母因緣經
南无内外无爲經　南无五失蓋經
南无浮木經　南无内外六波羅蜜經
南无佛立莊嚴淨經　南无鬼子母經
從此以上九千五百佛十二部經一切賢聖
南无難龍王經　南无佛説菩經
南无觀行移四事經　南无難提和羅經
南无佛有百比丘經　南无旃陁越經
南无光世音大勢至力受決經
南无海有八事經

次禮十方諸大菩薩

南无導師菩薩　南无那羅達菩薩

南无星得菩薩　南无水天菩薩

南无主天菩薩　南无大意菩薩

南无益意菩薩　南无增意菩薩

南无不虛見菩薩　南无善進菩薩

南无勢勝菩薩　南无常懃菩薩

南无不捨精進菩薩　南无日藏菩薩

南无不缺意菩薩　南无觀世意菩薩

南无滿濡尸利菩薩　南无執寶印菩薩

南无常舉手菩薩　南无彌勒菩薩

南无常舉手菩薩　南无藥乾菩薩
次礼聲聞緣覺一切賢聖
南无无漏辟支佛　南无憍慢辟支佛
南无盡憍慢辟支佛　南无親辟支佛
南无得脫辟支佛　南无无垢辟支佛
南无獨辟支佛　南无難盡辟支佛
南无能作憍慢辟支佛　南无退辟支佛
南无不退去辟支佛　南无尋辟支佛
歸命如是等无量无邊辟支佛
礼三寶已次復懺悔
已懺三障等報今當次復稽𩔖懺悔人天餘
報因與業果所罰享壽命雖日百千萬者无幾

於其中陷溢年夭枉其妻无量但有受苦
迫形心愁憂恐怯未曾懸離如此皆是善
根微弱惡業滋多致使現在心有所爲皆
不能意常知悉是過去已來惡惡業餘報
是故弟子今日至誠歸依佛
南无東方蓮華上佛　南无南方調伏王佛
南无西方无量明佛　南无北方勝諸根佛
南无東南方蓮華尊佛　南无西南方无量花佛
南无西北方自在智佛　南无東北方青蓮華花德佛
南无下方分別佛　南无上方伏怨智佛
如是十方盡虛空界一切三寶

如是十方盡虛空界一切三寶
弟子等无始以來至於今日所有現在及以
未來人天之中无量餘報流殃宿對麤殘百
疾六根不具罪報懺悔人間邊地邪見三塗
八難罪報懺悔人間多疾消瘦促命夭枉
罪報懺悔人間六親眷屬不能得常相保守
罪報懺悔人間親友彫喪愛別離苦罪報懺
悔人間怨家聚會愁憂怖畏罪報懺悔人
間水火盜賊刀兵危險驚恐怯弱罪報懺悔
人間孤獨困苦流離波迸亡失國土罪報懺悔
人間牢獄繫閉幽執側立鞭撻拷棒抱理不由
罪報懺悔人間公私口舌更相羅染更相垂

誹罪報懺悔人間惡病連年累月不差寢卧
床席不能起居罪報懺悔人間冬溫夏疫毒
癘傷寒罪報懺悔人間賊風腫滿閉塞罪報
懺悔人間為諸惡神祠求其便欲作禍祟罪
報懺悔人間有鳥鳴百怪蜚尸邪鬼為作妖異
罪報懺悔人間為虎豹豺狼水陸一切諸惡禽
獸所傷罪報懺悔人間自經自刺自煞罪報
懺悔人間投坑赴火自沉自墮罪報懺悔
人間无有威德名聞罪報懺悔人間衣服資
生不稱心罪報懺悔人間行來出入有所去為
值惡知識為作留難罪報如是現在未來人
天之[illegible]

生不擇心罪報慚悔人間行來出入有所去爲
値惡知識爲作留難罪報如是現在未來人
天之无量禍横灾疫厄難衰惱罪報
弟子等今日向十方佛尊法聖僧求哀懺悔令
此報障釋然除滅願弟子等承是懺悔人天
餘報所生功德願弟子現身福命長遠禍横
消滅多饒七珎眷屬成就於未來世在在處
處遠離八難常生中國見佛聞法信受教誨
截斷生死險道輪轉種植无上法之根栽身
心自在无諸緣鄣智慧方便所作不空衆生
見者畢定作佛至心頂礼常住三寶

佛說佛名經卷第十二

智照寫

BD01194　佛名經（十六卷本）卷一二

BD01195 妙法蓮華經卷三

（後秦）鳩摩羅什 譯

875.6cm × 25.5cm

稱其大小　各得生
一雨所及　皆得鮮澤
所潤是一　而各滋茂　佛亦
譬如大雲　普覆一切　既出于
分別演說　諸法之實　大聖世尊　於諸
一切眾中　而宣是言　我為如來　兩足之尊
出于世間　猶如大雲　充潤一切　枯槁眾生
皆令離苦　得安隱樂　世間之樂　及涅槃樂
諸天人眾　一心善聽　皆應到此　覲无上尊
我為世尊　无能及者　安隱眾生　故現於世
為大眾說　甘露淨法　其法一味　解脫涅槃
以一妙音　演暢斯義　常為大乘　而作因緣
我觀一切　普皆平等　无有彼此　愛憎之心
我无貪著　亦无限礙　恒為一切　平等說法

如為一人　衆多亦然　常演說法　曾无他事
去來坐立　終不疲猒　充足世間　如雨普潤
貴賤上下　持戒毀戒　威儀具足　及不具足
正見邪見　利根鈍根　等雨法雨　而无懈惓
一切衆生　聞我法者　隨力所受　住於諸地
或處人天　轉輪聖王　釋梵諸王　是小藥草
知无漏法　能得涅槃　起六神通　及得三明
獨處山林　常行禪定　得緣覺證　是中藥草
求世尊處　我當作佛　行精進定　是上藥草
又諸佛子　專心佛道　常行慈悲　自知作佛
決定无疑　是名小樹　安住神通　轉不退輪
度无量億　百千衆生　如是菩薩　名為大樹
佛平等說　如一味雨　隨衆生性　所受不同
如彼草木　所稟各異　佛以此喻　方便開示

如彼草木　所稟各異　佛以此喻　方便開示
種種言辭　演說一法　於佛智慧　如海一渧
我雨法雨　充滿世間　一味之法　隨力脩行
如彼叢林　藥草諸樹　隨其大小　漸增茂好
諸佛之法　常以一味　令諸世間　普得具足
漸次脩行　皆得道果　聲聞緣覺　處於山林
住最後身　聞法得果　是名藥草　各得增長
若諸菩薩　智慧堅固　了達三界　求最上乘
是名小樹　而得增長　復有住禪　得神通力
聞諸法空　心大歡喜　放無數光　度諸眾生
是名大樹　而得增長　如是迦葉　佛所說法
譬如大雲　以一味雨　潤於人華　各得成實
迦葉當知　以諸因緣　種種譬喻　開示佛道

漸漸修學　悉當成佛

妙法蓮華經授記品第六

尒時世尊說是偈已告諸大衆唱如是言我
此弟子摩訶迦葉於未來世當得奉覲三百
万億諸佛世尊供養恭敬尊重讚歎廣宣諸
佛无量大法於最後身得成為佛名曰光明
如來應供正遍知明行足善逝世間解无上
士調御丈夫天人師佛世尊國名光德劫名
大莊嚴佛壽十二小劫正法住世二十小劫
像法亦住二十小劫國界嚴飾无諸穢惡瓦
礫荊棘便利不淨其土平正无有高下坑坎
堆阜琉璃為地寶樹行列黃金為繩以界道
側散諸寶華周遍清淨其國菩薩无量千億

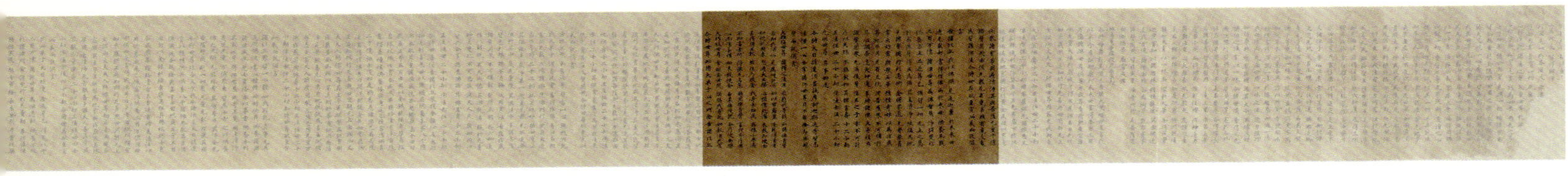

側散諸寶華周遍清淨其國菩薩无量千億
諸聲聞衆亦復无數无有魔事雖有魔及魔
民皆護佛法尒時世尊欲重宣此義而說偈
言
告諸比丘 我以佛眼 見是迦葉 於未來世
過无數劫 當得作佛 而於來世 供養奉覲
三百万億 諸佛世尊 為佛智慧 淨脩梵行
供養最上 二足尊已 脩習一切 无上之慧
於最後身 得成為佛 其土清淨 琉璃為地
多諸寶樹 行列道側 金繩界道 見者歡喜
常出好香 散衆名華 種種奇妙 以為莊嚴
其地平正 无有丘坑 諸菩薩衆 不可稱計
其心調柔 逮大神通 奉持諸佛 大乘經典
諸聲聞衆 无漏後身 法王之子 亦不可計

正法住世二十小劫　像法亦住二十小劫
光明世尊　其事如是
尒時大目揵連須菩提摩訶迦栴延等皆悉
悚慄一心合掌瞻仰世尊目不暫捨即共同
聲而說偈言
大雄猛世尊　諸釋之法王　哀愍我等故　而賜佛音聲
若知我深心　見為授記者　如以甘露灑　除熱得清涼
如從飢國來　忽遇大王饍　心猶懷疑懼　未敢即便食
若復得王教　然後乃敢食　我等亦如是　每惟小乘過
不知當云何　得佛无上慧　雖聞佛音聲　言我等作佛
心尚懷憂懼　如未敢便食　若蒙佛授記　尒乃快安樂
大雄猛世尊　常欲安世間　願賜我等記　如飢須教食
尒時世尊知諸大弟子心之所念告諸比丘

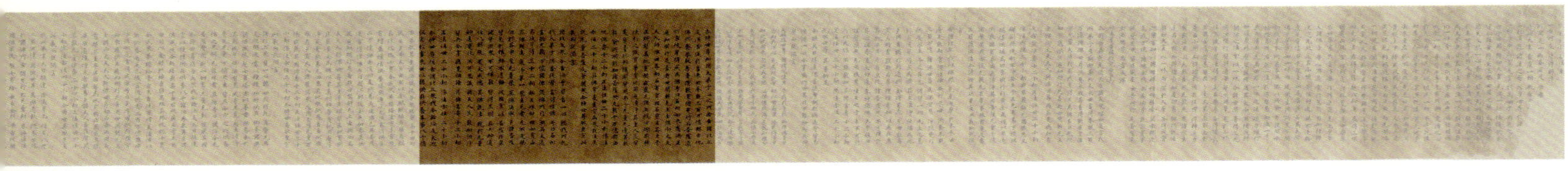

尒時世尊知諸大弟子心之所念告諸比丘
是須菩提於當來世奉覲三百万億那由他
佛供養恭敬尊重讚歎常脩梵行具菩薩道
於最後身得成為佛号曰名相如來應供正
遍知明行足善逝世間解无上士調御丈夫
天人師佛世尊劫名有寶國名寶生其土平
正頗梨為地寶樹莊嚴无諸丘坑沙礫荊棘
便利之穢寶華覆地周遍清淨其土人民皆
處寶臺珎妙樓閣聲聞弟子无量无邊筭數
譬喻所不能知諸菩薩衆无數千万億那由
他佛壽十二小劫正法住世二十小劫像法
亦住二十小劫其佛常處虛空為衆說法度
脫无量菩薩及聲聞衆尒時世尊欲重宣此

我大弟子　須菩提者　當得作佛　號曰名相
當供无數　万億諸佛　隨佛所行　漸具大道
最後身得　三十二相　端正姝妙　猶如寶山
其佛國土　嚴淨苐一　衆生見者　无不愛樂
佛於其中　度无量衆　其佛法中　多諸菩薩
皆悉利根　轉不退輪　彼國常以　菩薩莊嚴
諸聲聞衆　不可稱數　皆得三明　具六神通
住八解脫　有大威德　其佛說法　現於无量
神通變化　不可思議　諸天人民　數如恒沙
皆共合掌　聽受佛語　其佛當壽　十二小劫
正法住世　二十小劫　像法亦住　二十小劫
尒時世尊復告諸比丘衆我今語汝是大迦
旃延於當來世以諸供具供養奉事八千億

栴延於當來世以諸供具供養奉事八千億
佛恭敬尊重諸佛滅後各起塔廟高千由旬
縱廣正等五百由旬以金銀琉璃車𤦲馬瑙
真珠玫瑰七寶合成衆華瓔珞塗香末香燒
香繒蓋幢幡供養塔廟過是已後當復供養
二万億佛亦復如是供養是諸佛已具菩薩
道當得作佛号曰閻浮那提金光如來應供
正遍知明行足善逝世間解无上士調御丈
夫天人師佛世尊其土平正頗梨為地寶樹
莊嚴黃金為繩以界道側妙華覆地周遍清
淨見者歡喜无四惡道地獄餓鬼畜生阿脩
羅道多有天人諸聲聞衆及諸菩薩无量万
億莊嚴其國佛壽十二小劫正法住世二十
小劫像法亦住二十小劫爾時世尊欲重宣

此義而說偈言
諸比丘衆　皆一心聽　如我所說　真實无異
是迦旃延　當以種種　妙好供具　供養諸佛
諸佛滅後　起七寶塔　亦以華香　供養舍利
其最後身　得佛智慧　成等正覺　國土清淨
度脫无量　万億衆生　皆為十方　之所供養
佛之光明　无能勝者　其佛號曰　閻浮金光
菩薩聲聞　斷一切有　无量无數　莊嚴其國
尒時世尊復告大衆我今語汝是大目揵連
當以種種供具供養八千諸佛恭敬尊重諸
佛滅後各起塔廟高千由旬縱廣正等五百
由旬以金銀琉璃車璖馬瑙真珠玫瑰七寶
合成衆華瓔珞凃香末香燒香繒蓋幢幡以
用供養過是已後當復供養二百万億諸佛

用供養過是已後當復供養二百万億諸佛
亦復如是當得成佛号曰多摩羅跋栴檀香
如來應供正遍知明行足善逝世間解无上
士調御丈夫天人師佛世尊劫名喜滿國名
意樂其土平正頗梨為地寶樹莊嚴散真珠
華周遍清淨見者歡喜多諸天人菩薩聲聞
其數无量佛壽二十四小劫正法住世四十
小劫像法亦住四十小劫尒時世尊欲重宣
此義而說偈言
我此弟子 大目揵連 捨是身已 得見八千
二百万億 諸佛世尊 為佛道故 供養恭敬
於諸佛所 常脩梵行 於无量劫 奉持佛法
諸佛滅後 起七寶塔 長表金剎 華香伎樂
而以供養 諸佛塔廟 漸漸具足 菩薩道已

其佛壽命　二十四劫　常爲天人　演説佛道
聲聞无量　如恒河沙　三明六通　有大威德
菩薩无數　志固精進　於佛智慧　皆不退轉
佛滅度後　正法當住　四十小劫　像法亦尒
我諸弟子　威德具足　其數五百　皆當授記
於未來世　咸得成佛　我及汝等　宿世因緣
吾今當説　汝等善聽

妙法蓮華經化城喻品第七

佛告諸比丘乃往過去无量无邊不可思議
阿僧祇劫尒時有佛名大通智勝如來應供
正遍知明行足善逝世間解无上士調御丈
夫天人師佛世尊其國名好成劫名大相諸
比丘彼佛滅度已來甚大久遠譬如三千大

比丘彼佛滅度已來甚大久遠譬如三千大
千世界所有地種假使有人磨以為墨過於
東方千國土乃下一點大如微塵又過千國
土復下一點如是展轉盡地種墨於汝等意
云何是諸國土若算師若算師弟子能得邊
際知其數不不也世尊諸比丘是人所經國
土若點不點盡末為塵一塵一劫彼佛滅度
已來復過是數无量无邊百千万億阿僧祇
劫我以如來知見力故觀彼久遠猶若今日
尒時世尊欲重宣此義而說偈言
我念過去世 无量无邊劫 有佛兩足尊 名大通智勝
如人以力磨 三千大千土 盡此諸地種 皆悉以為墨
過於千國土 乃下一塵點 如是展轉點 盡此諸塵墨

此諸微塵數　其劫復過是　彼佛滅度來　如是无量劫
如來无礙智　知彼佛滅度　及聲聞菩薩　如見今滅度
諸比丘當知　佛智淨微妙　无漏无所礙　通達无量劫
佛告諸比丘大通智勝佛壽五百四十万億
那由他劫其佛本坐道場破魔軍已垂得阿
耨多羅三藐三菩提而諸佛法不現在前如
是一小劫乃至十小劫結跏趺坐身心不動
而諸佛法猶不在前尒時忉利諸天先為彼
佛於菩提樹下敷師子座高一由旬佛於此
座當得阿耨多羅三藐三菩提適坐此座時
諸梵天王雨衆天華面百由旬香風時來吹
去萎華更雨新者如是不絶滿十小劫供養
於佛乃至滅度常雨此華四王諸天為供養
佛常擊天皷其餘諸天作天伎樂滿十小劫

BD01195　妙法蓮華經卷三

佛常擊天皷其餘諸天作天伎樂滿十小劫
至于滅度亦復如是諸比丘大通智勝佛過
十小劫諸佛之法乃現在前成阿耨多羅三
藐三菩提其佛未出家時有十六子其第一
者名曰智積諸子各有種種珎異玩好之具
聞父得成阿耨多羅三藐三菩提皆捨所珎
往詣佛所諸母涕泣而隨送之其祖轉輪聖
王與一百大臣及餘百千万億人民皆共圍
繞隨至道場咸欲親近大通智勝如來供養
恭敬尊重讚歎到已頭面禮足繞佛畢已一
心合掌瞻仰世尊以偈頌曰
大威德世尊　為度衆生故　於无量億歲　尒乃得成佛
諸願已具足　善哉吉无上　世尊甚希有　一坐十小劫

[illegible]

我等得善利　稱慶大歡喜　衆生常苦惱　盲瞑无導師
不識苦盡道　不知求解脫　長夜增惡趣　減損諸天衆
從瞑入於瞑　永不聞佛名　今佛得最上　安隱无漏法
我等及天人　為得最大利　是故咸稽首　歸命无上尊
尒時十六王子偈讚佛已，勸請世尊轉於法
輪，咸作是言：世尊說法，多所安隱，憐愍饒益
諸天人民。重說偈言：
世雄无等倫　百福自莊嚴　得无上智慧　願為世間說
度脫於我等　及諸衆生類　為分別顯示　令得是智慧
若我等得佛　衆生亦復然　世尊知衆生　深心之所念
亦知所行道　又知智慧力　欲樂及脩福　宿命所行業
世尊悉知已　當轉无上輪
佛告諸比丘：大通智勝佛得阿耨多羅三藐

佛告諸比丘大通智勝佛得阿耨多羅三藐
三菩提時十方各五百万億諸佛世界六種
震動其國中閒幽冥之處日月威光所不能
照而皆大明其中衆生各得相見咸作是言
此中云何忽生衆生又其國界諸天宮殿乃
至梵宮六種震動大光普照遍滿世界勝諸
天光尒時東方五百万億諸國土中梵天宮
殿光明照曜倍於常明諸梵天王各作是念
今者宮殿光明昔所未有以何因緣而現此
相是時諸梵天王即各相詣共議此事而彼
衆中有一大梵天王名救一切為諸梵衆而
說偈言
我等諸宮殿　光明昔未有　此是何因緣　宜各共求之

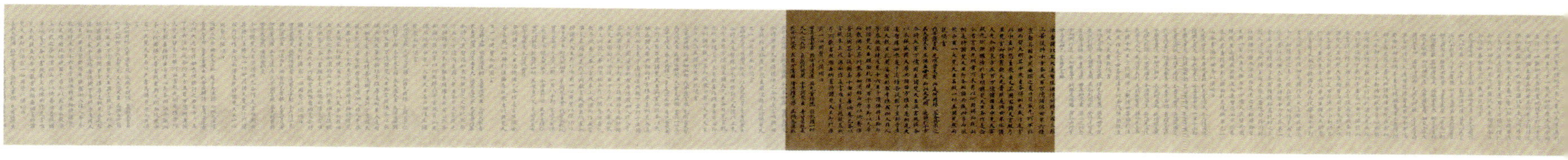

爾時五百万億國土諸梵天王與宮殿俱各
以衣祴盛諸天華共詣西方推尋是相見大
通智勝如来處于道場菩提樹下坐師子座
諸天龍王乾闥婆緊那羅摩睺羅伽人非人
等恭敬圍繞及見十六王子請佛轉法輪即
時諸梵天王頭面礼佛繞百千帀即以天華
而散佛上其所散華如須弥山并以供養佛
菩提樹其菩提樹高十由旬華供養已各以
宮殿奉上彼佛而作是言唯見哀愍饒益我
等所獻宮殿願垂納處時諸梵天王即於佛
前一心同聲以偈頌曰
世尊甚希有 難可得值遇 具无量功德 能救護一切
天人之大師 哀愍於世間 十方諸衆生 普皆蒙饒益
我等所從来 五百万億國 捨深禪定樂 為供養佛故

我等所從來　五百万億國　捨深禪定樂　為供養佛故
我等先世福　宮殿甚嚴飾　今以奉世尊　唯願哀納受
尒時諸梵天王偈讚佛已各作是言唯願世
尊轉於法輪度脫衆生開涅槃道時諸梵天
王一心同聲而說偈言
世雄兩足尊　唯願演說法　以大慈悲力　度苦惱衆生
尒時大通智勝如來嘿然許之又諸比丘東
南方五百万億國土諸大梵王各自見宮殿
光明照曜昔所未有歡喜踊躍生希有心即
各相詣共議此事而彼衆中有一大梵天王
名曰大悲為諸梵衆而說偈言
是事何因緣　而現如此相　我等諸宮殿　光明昔未有
為大德天生　為佛出世間　未曾見此相　當共一心求

爾時五百萬億諸梵天王與宮殿俱各以衣
裓盛諸天華共詣西北方推尋是相見大通
智勝如來處于道場菩提樹下坐師子座諸
天龍王乾闥婆緊那羅摩睺羅伽人非人等
恭敬圍繞及見十六王子請佛轉法輪時諸
梵天王頭面礼佛繞百千帀即以天華而散
佛上所散之華如須弥山并以供養佛菩提
樹華供養已各以宮殿奉上彼佛而作是言
唯見哀愍饒益我等所獻宮殿願垂納處尒
時諸梵天王即於佛前一心同聲以偈頌曰
聖主天中王　迦陵頻伽聲　哀愍衆生者　我等今敬礼
世尊甚希有　久遠乃一現　一百八十劫　空過无有佛
三惡道充滿　諸天衆減少　今佛出於世　為衆生作眼
世間所歸趣　救護於一切　為衆生之父　哀愍饒益者

世間所歸趣　救護於一切　爲衆生之父　哀愍饒益者
我等宿福慶　今得值世尊
尒時諸梵天王偈讃佛已各作是言唯願世
尊哀愍一切轉於法輪度脫衆生時諸梵天
王一心同聲而說偈言
大聖轉法輪　顯示諸法相　度苦惱衆生　令得大歡喜
衆生聞此法　得道若生天　諸惡道減少　忍善者增益
尒時大通智勝如來嘿然許之又諸比丘南
方五百万億國土諸大梵王各自見宮殿光
明照曜昔所未有歡喜踊躍生希有心即各
相詣共議此事以何因緣我等宮殿有此光
曜而彼衆中有一大梵天王名曰妙法爲諸
梵衆而說偈言
我等諸宮殿　光明甚威曜　此非無因緣　是相宜求之

[illegible]
爾時五百万億諸梵天王與宮殿俱各以衣
裓盛諸天華共詣北方推尋是相見大通智
勝如來處于道塲菩提樹下坐師子座諸天
龍王乹闥婆緊那羅摩睺羅伽人非人等恭
敬圍繞及見十六王子請佛轉法輪時諸梵
天王頭面礼佛繞百千帀即以天華而散佛
上所散之華如須弥山并以供養佛菩提樹
華供養已各以宮殿奉上彼佛而作是言唯
見哀愍饒益我等所獻宮殿願垂納處尒時
諸梵天王即於佛前一心同聲以偈頌曰
世尊甚難見　破諸煩惱者　過百三十劫　今乃得一見
諸飢渴衆生　以法雨充滿　昔所未曾覩　无量智慧者
如優曇波羅　今日乃值遇　我等諸宮殿　蒙光故嚴飾

如優曇波羅　今日乃值遇　我等諸宮殿　蒙光故嚴飾
世尊大慈愍　唯願垂納受
尒時諸梵天王偈讚佛已各作是言唯願世
尊轉於法轉令一切世間諸天魔梵沙門婆
羅門皆獲安隱而得度脫時諸梵天王一心
同聲以偈頌曰
唯願天人尊　轉无上法輪　擊于大法鼓　而吹大法螺
普雨大法雨　度无量衆生　我等咸歸請　當演深遠音
尒時大通智勝如来嘿然許之西南方乃至
下方亦復如是尒時上方五百万億國土諸
大梵王皆悉自覩所止宮殿光明威曜昔所
未有歡喜踊躍生希有心即各相詣共議此
事以何因緣我等宮殿有斯光明而彼衆中

言

今以何因緣　我等諸宮殿　威德光明曜　嚴飾未曾有
如是之妙相　昔所未聞見　為大德天生　為佛出世間
尒時五百万億諸梵天王與宮殿俱各以衣
祴盛諸天華共詣下方推尋是相見大通智
勝如來處于道場菩提樹下坐師子座諸天
龍王乾闥婆緊那羅摩睺羅伽人非人等恭
敬圍繞及見十六王子請佛轉法輪時諸梵
天王頭面礼佛繞百千帀即以天華而散佛
上所散之華如須弥山并以供養佛菩提樹
華供養已各以宮殿奉上彼佛而作是言唯
見哀愍饒益我等所獻宮殿願垂納處時諸
梵天王即於佛前一心同聲以偈頌曰
善哉見諸佛　救世之聖尊　能於三界獄　免出諸衆生

善哉見諸佛　救世之聖尊　能於三界獄　免出諸衆生
普智天人尊　慜哀群萌類　能開甘露門　廣度於一切
於昔无量劫　空過无有佛　世尊未出時　十方常闇瞑
三惡道增長　阿脩羅亦盛　諸天衆轉減　死多墮惡道
不從佛聞法　常行不善事　色力及智慧　斯等皆減少
罪業因緣故　失樂及樂想　住於邪見法　不識善儀則
不蒙佛所化　常墮於惡道　佛為世間眼　久遠時乃出
哀慜諸衆生　故現於世間　超出成正覺　我等甚欣慶
及餘一切衆　喜歎未曾有　我等諸宮殿　蒙光故嚴飾
今以奉世尊　唯垂哀納受　願以此功德　普及於一切
我等與衆生　皆共成佛道
尒時五百万億諸梵天王偈讚佛已各白佛
言唯願世尊轉於法輪多所安隱多所度脫
時諸梵天王一心同聲而說偈言

唯願受我請　以大微妙音　哀愍而敷演　无量劫習法
尒時大通智勝如來受十方諸梵天王及十
六王子請即時三轉十二行法輪若沙門婆
羅門若天魔梵及餘世間所不能轉謂是苦
是苦集是苦滅是苦滅道及廣說十二因緣
法无明緣行行緣識識緣名色名色緣六入
六入緣觸觸緣受受緣愛愛緣取取緣有有
緣生生緣老死憂悲苦惱无明滅則行滅行
滅則識滅識滅則名色滅名色滅則六入滅
六入滅則觸滅觸滅則受滅受滅則愛滅愛
滅則取滅取滅則有滅有滅則生滅生滅則
老死憂悲苦惱滅佛於天人大衆之中說是
法時六百万億那由他人以不受一切法故

法時六百万億那由他人以不受一切法故
而於諸漏心得解脫皆得深妙禪定三明六
通具八解脫第二第三第四說法時千万億
恒河沙那由他等衆生亦以不受一切法故
而於諸漏心得解脫從是已後諸聲聞衆无
量无邊不可稱數尒時十六王子皆以童子
出家而爲沙彌諸根通利智慧明了已曾供
養百千万億諸佛淨脩梵行求阿耨多羅三
藐三菩提俱白佛言世尊是諸无量千万億
大德聲聞皆已成就世尊亦當爲我等說阿
耨多羅三藐三菩提法我等聞已皆共脩學
世尊我等志願如來知見深心所念佛自證
知尒時轉輪聖王所將衆中八万億人見十
六王子出家亦求出家王即聽許尒時彼佛

大乘經名妙法蓮華教菩薩法佛所護念說
是經已十六沙彌爲阿耨多羅三藐三菩提
故皆共受持諷誦通利說是經時十六菩薩
沙彌皆悉信受聲聞衆中亦有信解其餘衆
生千萬億種皆生疑惑佛說是經於八千劫
未曾休廢說此經已即入靜室住於禪定八
萬四千劫是時十六菩薩沙彌知佛入室寂
然禪定各昇法座亦於八萬四千劫爲四部
衆廣說分別妙法華經一一皆度六百萬億
那由他恒河沙等衆生示教利喜令發阿耨
多羅三藐三菩提心大通智勝佛過八萬四
千劫已從三昧起往詣法座安詳而坐普告
大衆是十六菩薩沙彌甚爲希有諸根通利

大衆是十六菩薩沙弥甚爲希有諸根通利
智慧明了已曾供養无量千万億數諸佛於
諸佛所常脩梵行受持佛智開示衆生令入
其中汝等皆當數數親近而供養之所以者
何若聲聞辟支佛及諸菩薩能信是十六菩
薩所說經法受持不毀者是人皆當得阿耨
多羅三藐三菩提如來之慧佛告諸比丘是
十六菩薩常樂說是妙法蓮華經一一菩薩
所化六百万億那由他恒河沙等衆生世世
所生與菩薩俱從其聞法悉皆信解以此因
緣得值四万億諸佛世尊于今不盡諸比丘
我今語汝彼佛弟子十六沙弥今皆得阿耨
多羅三藐三菩提於十方國土現在說法有

頂東南方二佛一名師子音二名師子相南
方二佛一名虛空住二名常滅西南方二佛
一名帝相二名梵相西方二佛一名阿弥陁
二名度一切世間苦惱西北方二佛一名多
摩羅跋栴檀香神通二名須弥相北方二佛
一名雲自在二名雲自在王東北方佛名壞
一切世間怖畏第十六我釋迦牟尼佛於娑
婆國土成阿耨多羅三藐三菩提諸比丘我
等為沙弥時各各教化无量百千万億恒河
沙等衆生從我聞法為阿耨多羅三藐三菩
提此諸衆生于今有住聲聞地者我常教化
阿耨多羅三藐三菩提是諸人等應以是法
漸入佛道所以者何如來智慧難信難解尒

漸入佛道所以者何如來智慧難信難解尒
時所化无量恒河沙等衆生者汝等諸比丘
及我滅度後未來世中聲聞弟子是也我滅
度後復有弟子不聞是經不知不覺菩薩所
行自於所得功德生滅度想當入涅槃我於
餘國作佛更有異名是人雖生滅度之想入
於涅槃而於彼土求佛智慧得聞是經唯以
佛乘而得滅度更无餘乘除諸如來方便說
法諸比丘若如來自知涅槃時到衆又清淨
信解堅固了達空法深入禪定便集諸菩薩
及聲聞衆為說是經世間无有二乘而得滅
度唯一佛乘得滅度耳比丘當知如來方便
深入衆生之性知其志樂小法深著五欲為

五百由旬險難惡道曠絕無人怖畏之處
有多衆欲過此道至珎寶處有一導師聰慧
明達善知險道通塞之相將導衆人欲過此
難所將人衆中路懈退白導師言我等疲極
而復怖畏不能復進前路猶遠今欲退還導
師多諸方便而作是念此等可愍云何捨大
珎寶而欲退還作是念已以方便力於險道
中過三百由旬化作一城告衆人言汝等勿
怖莫得退還今此大城可於中止隨意所作
若入是城快得安隱若能前至寶所亦可得
去是時疲極之衆心大歡喜歎未曾有我等
今者免斯惡道快得安隱於是衆人前入化
城生已度想生安隱想尒時導師知此人衆
既得止息无復疲惓即滅化城語衆人言汝

既得止息无復疲惓即滅化城語衆人言汝
等去來寶處在近向者大城我所化作為止
息耳諸比丘如來亦復如是今為汝等作大
導師知諸生死煩惱惡道險難長遠應去應
度若衆生但聞一佛乘者則不欲見佛不欲
親近便作是念佛道長遠久受勤苦乃可得
成佛知是心怯弱下劣以方便力而於中道
為止息故說二涅槃若衆生住於二地如來
尒時即便為說汝等所作未辦汝所住地近
於佛慧當觀察籌量所得涅槃非真實也但
是如來方便之力於一佛乘分別說三如彼
導師為止息故化作大城既知息已而告之
言寶處在近此城非實我化作耳尒時世尊
欲重宣此義而說偈言

大通智勝佛　十劫坐道場　佛法不現前　不得成佛道
諸天神龍王　阿脩羅衆等　常雨於天華　以供養彼佛
諸天擊天鼓　并作衆伎樂　香風吹萎華　更雨新好者
過十小劫已　乃得成佛道　諸天及世人　心皆懷踊躍
彼佛十六子　皆與其眷屬　千万億圍繞　俱行至佛所
頭面礼佛足　而請轉法輪　聖師子法雨　充我及一切
世尊甚難值　久遠時一現　為覺悟群生　震動於一切
東方諸世界　五百万億國　梵宮殿光曜　昔所未曾有
諸梵見此相　尋來至佛所　散華以供養　并奉上宮殿
請佛轉法輪　以偈而讚歎　佛知時未至　受請嘿然坐
三方及四維　上下亦復尒　散華奉宮殿　請佛轉法輪
世尊甚難值　願以大慈悲　廣開甘露門　轉无上法輪
无量慧世尊　受彼衆人請　為宣種種法　四諦十二緣
无明至老死　皆從生緣有　如是衆過患　汝等應當知

无明至老死　皆從生緣有　如是衆過患　汝等應當知
宣暢是法時　六百万億姟　得盡諸苦際　皆成阿羅漢
第二說法時　千万恒沙衆　於諸法不受　亦得阿羅漢
從是後得道　其數无有量　万億劫筭數　不能得其邊
時十六王子　出家作沙弥　皆共請彼佛　演說大乘法
我等及營從　皆當成佛道　願得如世尊　慧眼第一淨
佛知童子心　宿世之所行　以无量因緣　種種諸譬喻
說六波羅蜜　及諸神通事　分別真實法　菩薩所行道
說是法華經　如恒河沙偈　彼佛說經已　靜室入禪定
一心一處坐　八万四千劫　是諸沙弥等　知佛禪未出
為无量億衆　說佛无上慧　各各坐法座　說是大乘經
於佛宴寂後　宣揚助法化　一一沙弥等　所度諸衆生
有六百万億　恒河沙等衆　彼佛滅度後　是諸聞法者
在在諸佛土　[illegible]與師俱生　是十六沙弥　具足行佛道

其有住聲聞　漸教以佛道　我在十六數　曾亦為汝說
是故以方便　引汝趣佛慧　以是本因緣　今說法華經
令汝入佛道　慎勿懷驚懼　譬如險惡道　迥絕多毒獸
又復无水草　人所怖畏處　无數千万衆　欲過此險道
其路甚曠遠　經五百由旬　時有一導師　強識有智慧
明了心決定　在險濟衆難　衆人皆疲惓　而白導師言
我等今頓乏　於此欲退還　導師作是念　此輩甚可愍
如何欲退還　而失大珎寶　尋時思方便　當設神通力
化作大城郭　莊嚴諸舍宅　周帀有園林　渠流及浴池
重門高樓閣　男女皆充滿　即作是化已　慰衆言勿懼
汝等入此城　各可隨所樂　諸人既入城　心皆大歡喜
皆生安隱想　自謂已得度　導師知息已　集衆而告言
汝等當前進　此是化城耳　我見汝疲極　中路欲退還
故以方便力　權化作此城　汝今勤精進　當共至寶所

汝等當前進　此是化城耳　我見汝疲極　中路欲退還
故以方便力　權化作此城　汝今勤精進　當共至寶所
我亦復如是　為一切導師　見諸求道者　中路而懈廢
不能度生死　煩惱諸險道　故以方便力　為息說涅槃
言汝等苦滅　所作皆已辦　既知到涅槃　皆得阿羅漢
爾乃集大眾　為說真實法　諸佛方便力　分別說三乘
唯有一佛乘　息處故說二　今為汝說實　汝所得非滅
為佛一切智　當發大精進　汝證一切智　十力等佛法
具三十二相　乃是真實滅　諸佛之導師　為息說涅槃
既知是息已　引入於佛慧

妙法蓮華經卷第三

BD01196 大般若波羅蜜多經卷三七〇

（唐）玄奘 譯

BD01196v 大般若波羅蜜多經卷三七〇外題

66.8cm × 25.2cm

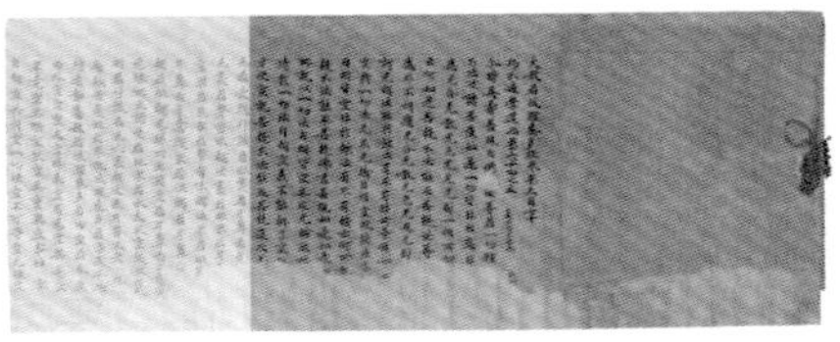

大般若波羅蜜多經卷第三百七十

初分遍學道品第六十四之五　　三藏法師玄奘奉　詔譯

尒時具壽善現白佛言世尊若一切種
分法及諸菩薩如是一切皆非相應非
應无合无散无色无見无對一相所謂
云何如是菩提分法能取菩提世尊
應非不相應无合无散无色无見无對
謂无相法能於餘法有取有捨世尊譬如
空於一切法无取无捨自相空故諸法亦
自相皆空非於餘法有取有捨云何可說
提分法能取菩提佛言善現如是如是如
所說以一切法自相皆空無取无捨然諸
情於一切法自相空義不能解了哀愍
方便宣說菩提分法能取菩提復次善

方便宣說菩提分法能取菩提復次善
色若受想行識若眼處若耳鼻舌身
色處若聲香味觸法處若眼界若耳
意界若色界若聲香味觸法界若眼識
耳鼻舌身意識界若眼觸若耳鼻舌
觸若眼觸為緣所生諸受若耳鼻舌身意觸
為緣所生諸受若地界若水火風空識界若无
明若行識名色六處觸受愛取有生老死
愁歎苦憂惱若布施波羅蜜多若淨戒安忍
精進靜慮般若波羅蜜多若內空若外空
內外空空空大空勝義空有為空無為空
畢竟空無際空散空無變異空本性空
自相空共相空一切法空不可得空无性空

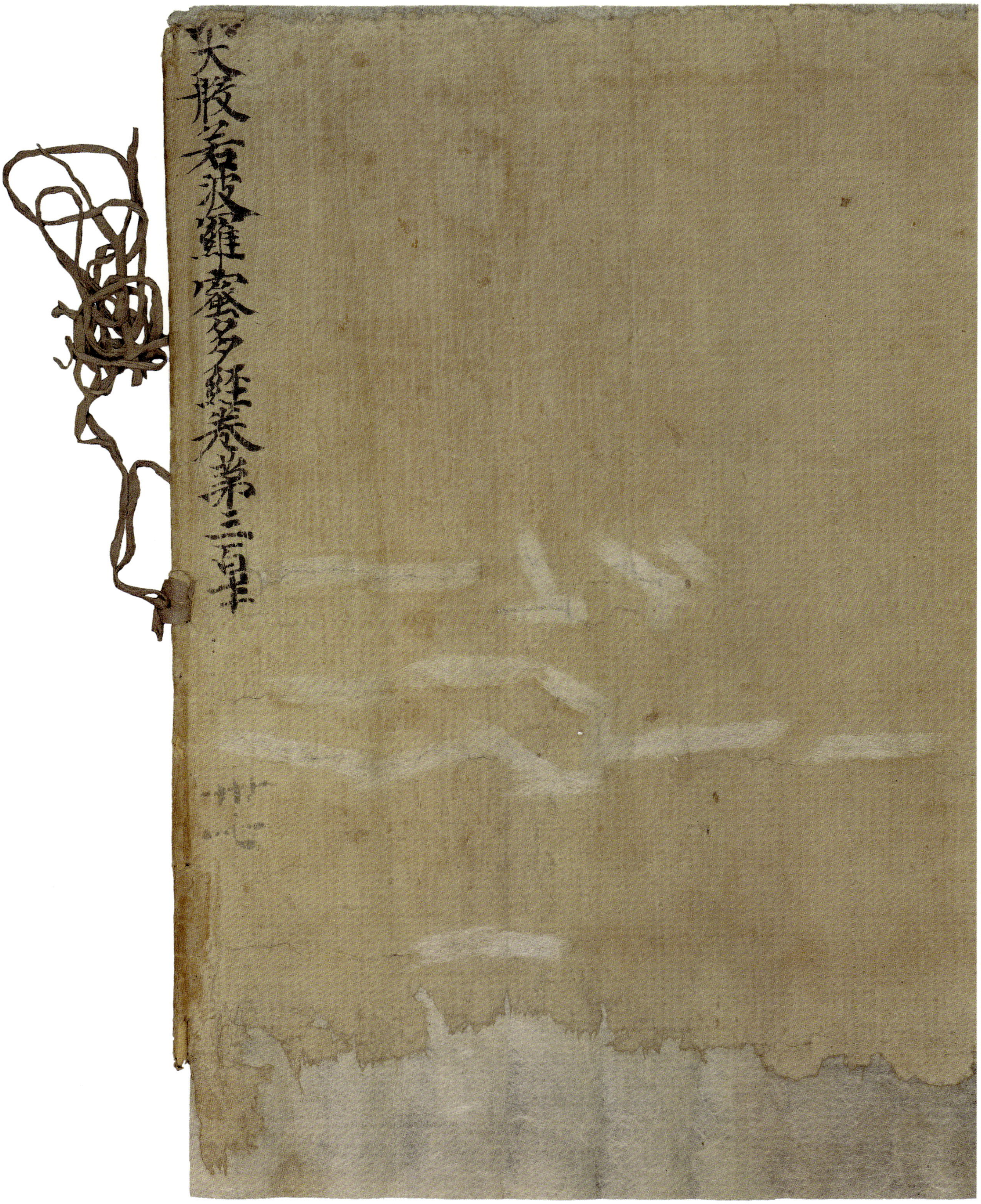

BD01196v　大般若波羅蜜多經卷三七〇外題

BD01197　無量壽宗要經（甲本）

183cm × 31.5cm

大乘无量壽経

如是我聞一時薄伽梵在舍衛國祇樹給孤獨園與大苾蒭僧千二百五十人菩
薩摩訶薩衆俱同會坐尒時世尊告曼殊室利童子曼殊上方有世界名
无量功德聚彼土有佛号无量智決定王如来阿耨多羅三藐三菩提現為
衆生開示説法曼殊諦聽南閻浮提人皆短壽大限百年於中夭枉横死者
衆曼殊如是无量壽如来功德名稱法要若有衆生得聞名号若自書或
使人書能為経巻受持讀誦若於舍宅所住之處以種種花鬘瓔珞塗香
末香而為供養如其命盡復得延年滿足百歳如是曼殊若有衆生大
命將盡憶念是如来名号更得增壽如是曼殊若有善男子善女人
欲求長壽於是无量壽如来一百八名号者若聞者或自書若使人書受
持讀誦得如是等果報福德具足陁羅尼曰 南謨薄伽勃底 阿波唎蜜哆
阿喻紇硯娜 須毗你失指陁 囉佐耶 怛他羯他耶 怛姪他唵 薩婆桑塞迦羅
波唎輸底 達摩底 伽伽娜 薩訶某特伽底 薩婆婆毗輸底 摩訶娜耶 波

福智世界无量壽淨土陁羅尼曰 南謨薄伽勃底 阿波唎蜜哆 阿喻紇硯娜
須毗你悉指陁 囉佐耶 怛他羯他耶 怛姪他唵 薩婆桑悉迦囉 波唎輸底 達磨底
伽迦娜 莎訶其特迦底 薩婆婆毗輸底 摩訶娜耶 波唎婆唎莎訶 十五
介時有九十九姟佛等一時同聲説是无量壽宗要經陁羅尼曰 南謨薄
伽勃底 阿波唎蜜哆 阿喻紇硯娜 須毗你悉指陁 囉佐耶 怛他羯他耶 怛姪他唵
薩婆桑悉迦囉 波唎輸底 達磨底 伽迦娜 莎訶其特迦底 薩婆婆毗輸
底 摩訶娜耶 波唎婆唎莎訶 十五 介時復有一百四姟佛一時同聲説是无
量壽宗要經陁羅尼曰 南謨薄伽勃底 阿波唎蜜哆 阿喻紇硯娜 須毗你悉
指陁 囉佐耶 怛他羯他耶 怛姪他唵 薩婆桑悉迦囉 波唎輸底 達磨底 伽迦
娜 莎訶其特迦底 薩婆婆毗輸底 摩訶娜耶 波唎婆唎莎訶 十五
介時復有七姟佛一時同聲説是无量壽宗要經陁羅尼曰 南謨薄伽勃
底 阿波唎蜜哆 阿喻紇硯娜 須毗你悉指陁 囉佐耶 怛他羯他耶 怛姪他唵 薩
婆桑悉迦囉 波唎輸底 達磨底 伽迦娜 薩訶其特迦底 薩婆婆毗輸底 摩
訶娜耶 波唎婆唎莎訶 十五 介時復有六十五姟佛一時同聲説是无量壽宗要經
陁羅尼曰 南謨薄伽勃底 阿波唎蜜哆 阿喻紇硯娜 須毗你悉指陁 囉佐耶 怛他羯他耶
怛姪他唵 薩婆桑悉迦囉 波唎輸底 達磨底 伽迦娜 莎訶其特迦底 薩婆婆毗輸底

陁羅尼曰 南謨薄伽勃底 阿波唎蜜多 阿喻紇硯娜 須毗你悉指陁 囉佐耶 怛他羯他耶 怛姪他唵 薩婆桑悉迦羅 波唎輸底 達磨底 伽伽娜 莎訶某特伽底 薩婆婆毗輸底 摩訶娜耶 波唎婆唎莎訶 尒時復有五十五殑佛一時同聲說是无量壽宗要經陁羅尼曰 南謨薄伽勃底 阿波唎蜜多 阿喻紇硯娜 須毗你悉指陁 囉佐耶 怛他羯他耶 怛姪他唵 薩婆桑悉迦羅 波唎輸底 達磨底 伽伽娜 莎訶某特伽底 薩婆婆毗輸底 摩訶娜耶 波唎婆唎莎訶主 尒時復有四十五殑佛一時同聲說是无量壽宗要經陁羅尼曰 南謨薄伽勃底 阿波唎蜜多 阿喻紇硯娜 須毗你悉指陁 囉佐耶 怛他羯他耶 怛姪他唵 薩婆桑悉迦羅 波唎輸底 達磨底 伽伽娜 莎訶某特伽底 薩婆婆毗輸底 摩訶娜耶 波唎婆唎莎訶主 尒時復有三十六殑佛一時同聲說是无量壽宗要經陁羅尼曰 南謨薄伽勃底 阿波唎蜜多 阿喻紇硯娜 須毗你悉指陁 囉佐耶 怛他羯他耶 怛姪他唵 薩婆桑悉迦羅 波唎輸底 達磨底 伽伽娜 莎訶某特伽底 薩婆婆毗輸底 達磨底 伽伽娜 莎訶集特伽底 薩婆婆毗輸底 摩訶娜耶 波唎婆唎莎訶主 尒時復有二十五殑佛一時同聲說是无量壽宗要經陁羅尼曰 南謨薄伽勃底 阿波唎蜜多 阿喻紇硯娜 須毗你悉指陁 囉佐耶 怛他羯他耶 怛姪他唵 薩婆桑悉迦羅 波唎輸底 達磨底 伽伽娜 莎訶某特伽底 薩婆婆毗輸底 摩訶娜耶 波唎婆唎莎訶 尒時復有恒河沙殑佛一時同聲說是无量壽宗要經陁羅尼曰 南謨薄伽勃底 阿波唎蜜多 阿喻紇硯娜 須毗你悉指陁 囉佐耶 怛他羯他耶 怛姪他唵 薩婆桑悉迦羅 波唎輸底 達

日南謨薄伽勃底 阿波唎蜜哆 阿喻紇硯娜 須毗你悉指陁 囉佐耶 怛他羯他耶 怛姪他
唵 薩婆桑悉迦囉 波唎輸底 達磨底 伽迦娜 莎訶某特迦底 薩婆婆毗輸底
摩訶娜耶 波唎婆唎莎訶 若有自書寫教人書寫是无量壽宗要經讀誦
受持畢竟不墮地獄在在所生得宿命智陁羅尼曰 南謨薄伽勃底 阿波唎
蜜哆 阿喻紇硯娜 須毗你悉指陁 囉佐耶 怛他羯他耶 怛姪他唵 薩婆桑悉迦囉
波唎輸底 達磨底 伽迦娜 莎訶某特迦底 薩婆婆毗輸底 摩訶娜耶 波唎婆唎莎訶
若有自書寫教人書寫是无量壽宗要經（受持讀誦智同書寫八万四千一切經典）陁羅尼曰 南謨薄伽勃底 阿波唎蜜哆
阿喻紇硯娜 須毗你悉指陁 囉佐耶 怛他羯他耶 怛姪他唵 薩婆桑悉迦囉 波唎輸底 達
磨底 伽迦娜 莎訶某特迦底 薩婆婆毗輸底 摩訶娜耶 波唎婆唎莎訶
若有自書寫教人書寫是无量壽宗要經即是書寫八万四千部建立廟塔
陁羅尼曰 南謨薄伽勃底 阿波唎蜜哆 阿喻紇硯娜 須毗你悉指陁 囉佐耶 怛他羯
他耶 怛姪他唵 薩婆桑悉迦囉 波唎輸底 達磨底 伽迦娜 莎訶某特迦底 薩婆婆毗
輸底 摩訶娜耶 波婆唎婆唎莎訶 若有自書寫教人書寫是无量壽宗要
經能消五无間等一切重罪陁羅尼曰 南謨薄伽勃底 阿波唎蜜哆 阿喻紇硯娜 須毗
你悉指陁 囉佐耶 怛他羯他耶 怛姪他唵 薩婆桑悉迦囉 波唎輸底 達磨底 伽迦娜

BD01197　無量壽宗要經（甲本）

經能滅五无間等一切重罪陁羅尼曰 南謨薄伽勃底 阿波唎蜜多 阿喻紇硯娜 須毗
你悉指陁 囉佐耶 怛他羯他耶 怛姪他唵 薩婆桑悉迦囉 波唎輸底 達磨底 伽伽娜
莎訶某特伽底 薩婆婆毗輸底 摩訶娜耶 波唎婆唎莎訶十二 若有自書寫教
人書寫是无量壽宗要經受持讀誦設有重罪猶如須彌盡能除滅陁羅
尼曰 南謨薄伽勃底 阿波唎蜜多 阿喻紇硯娜 須毗你悉指陁 囉佐耶 怛他羯
他耶 怛姪他唵 薩婆桑悉迦囉 波唎輸底 達磨底 伽伽娜 莎訶某特伽底 薩
婆婆毗輸底 摩訶娜耶 波唎婆唎莎訶十二 若有自書寫教人書寫是无量
壽宗要經受持讀誦若魔子之眷屬夜叉羅剎不得其便終无枉死
陁羅尼曰 南謨薄伽勃底 阿波唎蜜多 阿喻紇硯娜 須毗你悉指陁 囉佐耶 怛
他羯他耶 怛姪他唵 薩婆桑悉迦囉 波唎輸底 達磨底 伽伽娜 莎訶某特伽底
薩婆婆毗輸底 摩訶娜耶 波唎婆唎莎訶十二 若有自書寫教人書寫
是无量壽宗要經受持讀誦當得九十九殑現其人前眾千佛授手能
進一切佛剎莫於此經生於疑惑陁羅尼曰 南謨薄伽勃底 阿波唎蜜多
阿喻紇硯娜 須毗你悉指陁 囉佐耶 怛他羯他耶 怛姪他唵 薩婆桑悉迦囉 波唎輸
底 達磨底 達磨 伽伽娜 莎訶某特伽底 薩婆婆毗輸底 摩訶娜耶 波
利婆唎莎訶十五 若有自書寫教人書寫是无量壽宗要經受持讀誦
當得四[illegible]

達磨底 伽迦娜 莎訶某特迦底 薩婆毗輸苐 摩訶娜耶 波剁婆剁莎訶
若有自書寫教人書寫是无量壽宗要經陁羅尼曰 南謨薄伽勃底 阿
波剁蜜哆 阿喻紇硯娜 須毗你悉指陁 囉佐耶 怛他羯他耶 怛姪他唵 薩婆桒
悉迦羅 波剁輸底 達磨底 伽迦娜 莎訶某特迦底 薩婆婆毗輸底 摩訶娜耶 波剁婆剁莎訶
若有方所自書寫使人書寫是无量壽經典之處則為是塔皆應恭敬作礼若是畜
生或為獸是經如是等類皆當不久得成一切種智陁羅尼曰 南謨薄伽勃底 阿波剁
蜜哆 阿喻紇硯娜 須毗你悉指陁 囉佐耶 怛他羯他耶 怛姪他唵 薩婆桒悉迦羅 波剁輸底 達
磨底 伽迦娜 莎訶某特迦底 薩婆婆毗輸底 摩訶娜耶 波剁婆剁莎訶 主 若有於是无
量壽經自書寫使人書畢竟不受女人之身陁羅尼曰 南謨薄伽勃底 阿波剁蜜哆 阿喻
紇硯娜 須毗你悉指陁 囉佐耶 怛他羯他耶 怛姪他唵 薩婆桒悉迦羅 波剁輸底 達磨底
伽迦娜 薩訶某特迦底 薩婆婆毗輸底 摩訶娜耶 波剁婆剁莎訶 主 若有能於是經
以少分能惠施者等於三千大千世界滿中七寶布施陁尼羅曰 南南謨薄伽勃底
阿波剁蜜哆 阿喻紇硯娜 須毗你悉指陁 囉佐耶 怛他羯他耶 怛姪他唵 薩婆桒悉迦羅 波剁輸
底 達磨底 伽迦娜 莎訶某特迦底 薩婆婆毗輸底 摩訶娜耶 波剁婆剁莎訶 主
若有供養是經者時是供養一切諸經等无有異陁羅尼曰 南謨薄伽勃底 阿波剁蜜
哆 阿喻紇硯娜 須毗你悉指陁 囉佐耶 怛他羯他耶 怛姪他唵 薩婆桒悉迦羅 波剁輸底 達磨

若有供養是經者即是供養一切諸經者无有異陀羅尼曰 南謨薄伽勃底 阿波唎蜜
多 阿喻紇硯娜 須毗你悉指陀 羅佐耶 怛他羯他耶 怛姪他唵 薩婆桑悉迦羅 波唎輸底 達磨
底 伽迦娜 莎訶某特迦底 薩婆婆毗輸底 摩訶娜耶 波唎婆唎莎訶
如是毗婆尸佛 尸棄佛 毗舍浮佛 俱留孫佛 俱那含牟尼佛 迦葉佛 釋迦牟尼佛
若有人以七寶供養如是七佛其福有限書寫受持是无量壽經典所有功德不
可限量陀羅尼曰 南謨薄伽勃底 阿波唎蜜多 阿喻紇硯娜 須毗你悉指陀 羅佐耶 怛他羯
他耶 怛姪他唵 薩婆桑悉迦羅 波唎輸底 達磨底 伽迦娜 莎訶某特迦底 薩婆婆毗輸底
摩訶娜耶 波唎婆唎莎訶 若有七寶等於須弥以用布施其福上能知其限量是
无量壽經典其福不可知數陀羅尼曰 南謨薄伽勃底 阿波唎蜜多 阿喻紇硯娜 須毗你
悉指陀 羅佐耶 怛他羯他耶 怛姪他唵 薩婆桑悉迦羅 波唎輸底 達磨底 伽迦娜 莎訶
某特迦底 薩婆婆毗輸底 摩訶娜耶 波唎婆唎莎訶 如是四大海水可知滴數是
无量壽經典所生果報不可數量陀羅尼曰 南謨薄伽勃底 阿波唎蜜多 阿喻紇
硯娜 須毗你悉指陀 羅佐耶 怛他羯他耶 怛姪他唵 薩婆桑悉迦羅 波唎輸底 達磨底
伽迦娜 莎訶某特迦底 薩婆婆毗輸底 摩訶娜耶 波唎婆唎莎訶 若有自書使
人書寫是无量壽經典又能護持供養即如恭敬供養一切十方佛土如來无有別異
陀羅尼曰 南謨薄伽勃底 阿波唎蜜多 阿喻紇硯娜 須毗你悉指陀 羅佐耶 怛他羯他

[illegible]

布施力能成正覺　悟布施力人師子　布施力能聲普聞　慈悲階漸最能入

持戒力能成正覺　悟持戒力人師子　持戒力能聲普聞　慈悲階漸最能入

忍辱力能成正覺　悟忍辱力人師子　忍辱力能聲普聞　慈悲階漸最能入

精進力能成正覺　悟精進力人師子　精進力能聲普聞　慈悲階漸最能入

禪定力能成正覺　悟禪定力人師子　禪定力能聲普聞　慈悲階漸最能入

智慧力能成正覺　悟智慧力人師子　智慧力能聲普聞　慈悲階漸最能入

尒時如來說是經已一切世間天人阿脩羅揵闥婆等聞佛所

說皆大歡喜信受奉行

佛說无量壽宗要經

宋良金

BD01198 大智度論卷五四

龍樹 造

（後秦）鳩摩羅什 譯

124.5cm×26.1cm

千世界諸四天
天俱来在會中三千大千世界諸釋提桓因
等諸忉利天須夜魔天王等諸夜魔天删兜
率陁天王等諸兜率陁天王等諸兜率陁天
須涅蜜天王等諸妙化天婆舍跋提天王等
諸自在行天各与无數百千億諸天俱来在
會中三千大千世界諸梵天王乃至首陁婆
諸天各与无數百千億諸天俱来在會中是諸
四天王天乃至首陁婆諸天等報生身光明
於佛常光百分千分万億分不能及一乃至
不可以筭數譬喻為比世尊光明衆勝衆妙
最上第一諸天業報光明在佛光明邊不照
不現譬如燋炷比閻浮檀金尒時釋提桓因
白大德須菩提

般若波羅蜜義須菩提菩薩摩訶薩云何應
住般若波羅蜜中何等是菩薩摩訶薩般若
波羅蜜云何菩薩摩訶薩應行般若波羅蜜
須菩提語釋提桓因言憍尸迦我今當承順
佛意承佛神力為諸菩薩摩訶薩說般若波
羅蜜如菩薩摩訶薩所應住般若波羅蜜中
諸天子今未發阿耨多羅三藐三菩提心者
應當發諸天子若人聲聞正位是不能發阿耨
多羅三藐三菩提心何以故与生死作鄣隔
故是人若發阿耨多羅三藐三菩提心者我
亦隨喜所以者何上人應更求上法我終不
不斷其功德憍尸迦何等是般若波羅蜜菩
薩摩訶薩應薩婆若心念色无常念色苦念

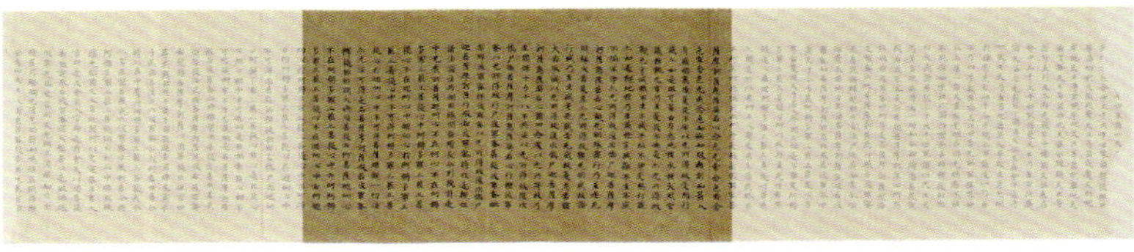

[illegible]是般若波羅蜜善
薩摩訶薩應薩婆若心念色无常念色苦念
色空念色无我念色如病如敗癰創如箭入
身痛惱衰壞憂畏不安以无所得故受想行
識亦如是眼耳鼻舌身意地種水種火風空
識種觀无常乃至憂畏不安是亦无所得故
觀色寂滅離不生不滅不垢不淨受想行識
亦如是觀地種乃至識種寂滅離不生不滅
不垢不淨亦无所得故復次憍尸迦菩薩摩
訶薩應薩婆若心觀无明緣諸行乃至老死
因緣大苦聚集亦无所得故觀无明滅故諸
行滅乃至生滅老死滅老死滅故憂悲苦惱
大苦取滅以无所得故復次憍尸迦菩薩摩
訶薩應薩婆若心脩四念處以无所得故乃
經脩佛十力十八不共法[illegible]

蜜以无所得故行尸波羅蜜羼提波羅蜜毗
梨耶波羅蜜禪波羅蜜以无所得故復次憍尸
迦菩薩摩訶薩行般若波羅蜜時作是觀但
諸法諸法共相因緣潤益增長分別校計是
中无我所菩薩迴何心不在何心不在阿耨
多羅三藐三菩提心中阿耨多羅三藐三菩
提心不在迴何心中迴向心於阿耨多羅三
藐三菩提心中不可得阿耨多羅三藐三菩
提心於迴向心中不可得菩薩雖觀一切法
亦无法可得是名菩薩摩訶薩般若波羅蜜
釋提桓因問大德須菩提云何菩薩迴向心
不在阿耨多羅三藐三菩提心中云何阿耨
多羅三藐三菩提心不在迴向心中云何迴
向心於阿耨多羅三藐三菩提心中不可得

多羅三藐三菩提心不在迴向心中云何迴
向心於阿耨多羅三藐三菩提心中不可得
云何阿耨多羅三藐三菩提心於迴向心中
不可得須菩提語釋提桓因言憍尸迦迴向
心阿耨多羅三藐三菩提心非心是非非心
心相心相中不可迴向是非相常非心相不
可思議相常不可思議相是名菩薩摩訶薩
般若波羅蜜尒時佛讚須菩提言善哉善哉
須菩提汝爲諸菩薩摩訶薩說般若波羅蜜
安慰諸菩薩摩訶薩心須菩提白佛言世
尊我應報恩不應不報恩過去諸佛及諸弟
子爲諸菩薩說六波羅蜜示教利喜世尊尒
時六在中學得阿耨多羅三藐三菩提我今

勝光明諸天大集此間何以更說荅曰有人
言此是後會有人言即是前會天以須菩提
善能說般若波羅蜜諸天歡喜以是故佛微
咲常光益更發明天光明不復現如日出
時星月燈燭无復光明譬如燋炷在閻浮檀
金邊四天王天者東方名提多羅吒秦言治

BD01199-1　二入四行論

BD01199-2　五言詩一首・贈上

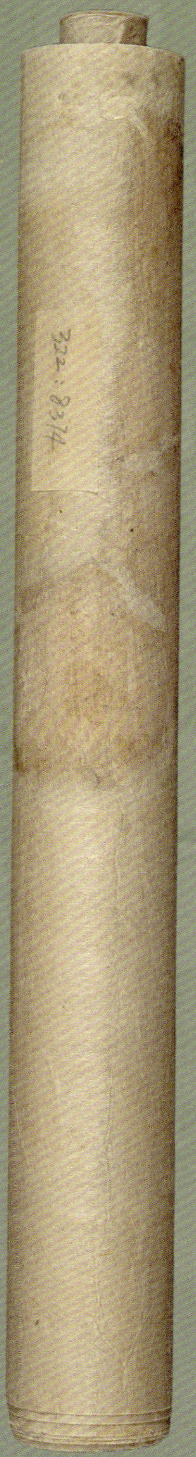

353.4cm × 29.7cm

□婆羅門國王第
種冥心虛寂通鑒
□表陵替遂能遠涉山海遊化漢魏亡心之
唯有道育惠可此二沙門年雖後生俊志高
善蒙師意法師感其精誠誨以真道如是
乘安心之法令無錯謬如是安心者壁觀如
是方便者遣其不著此略序所由意在後文
夫入道多途要而言之不出二種一是理入二是行入理入者
性但為客塵妄覆不能顯了若也捨妄歸真凝住壁觀无自
不隨於文教此即与理冥符无有分別寂然无為名之理入　行入
悉入此行中何等為四一者報怨行二者隨緣行三者无所々求行四者稱法
行脩道行人若受苦時當自念言我從往昔无數劫中棄本從末流浪諸有多起
憎違害无限今雖无犯是我宿殃惡業果熟非天非人所能見与甘心忍受都无怨
訴經云逢苦不憂何以故識達故此心生時与理相應體怨進道是故說言報怨
怨行　第二隨緣行者眾生无我並緣業所轉苦樂齊受皆從緣生若得勝報榮譽
等事是我過去宿因所感今方得之緣盡還无何喜之有得失從心々无增減喜風
不動冥順於道是故說言隨緣行　第三无所求行者世人長迷處々貪著名之為

求皆苦无求則樂判知无求真為道行　第四稱法行者性淨之理目之為法此理衆
相斯空无染无著无此无彼経法无衆生離衆生垢故法无有我離我垢故智者若
能信解此理應當稱法而行法體无慳於身命財行檀捨施心无悋惜達解三空不倚
不著但為去垢攝化衆生而不取相此為自利復能利他亦能莊嚴菩提之道檀施
既尔餘五亦然為除妄想脩行六度而无所行是為稱法行吾恒仰慕前懿廣脩諸
行常欽淨土清仰遺風得逢釋迦證大道者㠯億獲四果者无數實謂天堂
別國地獄他方得道獲果形〻殊體異披経求福潔淨行因芬〻続〻随心作業
向涉多載未遑有息始復端居幽寂定境心王但妄相久脩随情見相其中變化
略欲難窮未乃洞監法性粗練真如始知方寸之内无所不有明珠朗徹玄達深
趣上至諸仏下及蠢動莫非妄想別名随心指訂故曷幽懐聊題入道方便偈等用
簡有縁同悟之徒有暇披攬坐禪終須見本性會也融心令使淨覺起即便是
生臧於中憶想造耶命覓法計業不遷展轉增垢心難究竟智者聾聞八字即便
悟理始知六年徒勞苦行世間遠〻盡是魔人徒自暄〻空為鬪諍虛妄作解教化衆
生口談藥方不除一病寂〻從來本无見想何有善惡及有耶正生亦不生滅亦不滅
動則不動定之則非定之影〻由形起響逐聲來弄影勞形不知形之是影揚聲止響不知聲
之是響根除煩惱而求涅槃者喻去形而覓影離衆生而求仏者喻默聲而尋響
故知迷悟一途愚智非別无名處強為立名其名即非生矣无理處強為作理因其理即

故知迷悟一途迷愚智非別无名處強為立名其名即非生矣无理處強為作理因其理即
諍論興焉幻化非真誰是誰非虛妄无實何有何无當知得无所得失无所失未及造談
聊申此句詎論玄旨諸仏說空法為破諸見故而復着於空諸仏所不化生時唯空
生滅時唯空滅實无一法生實无一法滅一切法為貪欲而起无內亦无外亦不在中間分別
是空法凡夫為所燒邪正无內外亦不在諸方分別是空法凡夫為所燒一切法亦如是法
身无形故不見以見之法无音聲故不聞以聞之波若无知故不知以知之若以見為見有所
不見若以无見為見即无所不見若以知為知有所不知若以无知為知无所不知不能自知非有
知對物而知非无知若以得為得有所不得若以无得為得无所不得若以是為是有所不是若
以无是為是无所不是一切智惠門入百千智惠門見柱作柱解是柱相作柱解觀心是柱法
无柱相是故見柱即得柱法見一切形色亦如是有人言一切不有　難曰汝見有不不有於有
有於不有亦是汝有　有人言一切法不生　難曰汝見生不不生於生生於不生亦是
汝生　復言我見一切无心　難曰汝見心不不心心於无心亦是汝心　三藏法師言不解時人
逐法解時法逐人解則識攝色迷則色攝識不因色生識是名不見色不求於求
於无求亦是汝求不取於取取於无取亦是汝取是心有所須名為欲界心不自心由色生
心名為色界色不自色由心故色心色无色名无色界　問何名仏心　答心无異相名作
真如心不可改名為法性心无所屬名為解脫心性无导名為菩提心性寂滅名為涅槃
問曰何名如來　答解如應物故名如來　問何名仏　答如法覺覺无所覺故名為仏

住法　問云何即男非男即女非女　荅依法推求男女相不可得何以得知即色非男若色是
男相一切草木應是男其女人亦如是惑人不解妄想見男即是幻化女畢竟无實諸法无
行經云知諸法如幻速成人中上　問證有餘涅槃得羅漢果者此是覺不　荅此是夢證
問行六波羅蜜十地万行滿足覺一切法不生不滅非覺非知无心无知解為覺不
荅亦是夢　問十力四无所畏十八不共法菩提樹下道成正覺能度衆生乃至入於涅槃
豈非是覺　荅亦是夢　問三世諸仏平等教化衆生得道者如恒沙此可非是覺
荅亦是夢　但有心分別計教自心現量者皆是夢覺時无夢夢時无覺此心意識妄想夢
裏智恵无能覺所覺若如法覺真實覺時都不自覺畢竟无有覺三世諸仏正覺者盡
是衆生憶相分別以是故名為夢若識心寂滅无一動念處是名正覺齊有心識不滅已來皆
是夢　問脩道斷惑用何心知　荅用方便心知　問云何方便心智　荅觀惑本無起處以此
方便得斷疑惑故言心智　問如法心斷何惑　荅凡夫外道聲聞縁覺菩薩等解惑
問云何二諦　荅譬如陽炎惑者見陽炎作水解實非水此是陽炎二諦義亦復如是凡夫
見第一義諦為世諦聖人見世諦為第一義諦故經云諸仏說法常依二諦第一義諦即
世諦世諦即第一義諦第一義即是空若見有相即須併當却有我有心有生有滅亦即
併當却　問云何併當却　荅若依法看即失帝賜不見一箇故老經云建德若瑜　問貪欲名
何物心　荅凡夫心　問作无生是何物心　荅是聲聞心　問解法无自性是何物心　荅是縁覺心
問不作解不作惑是何物心　荅菩薩心　問不覺不知是何物心即不荅所以不荅者是法不可荅法
无心故荅即有心法无言說荅即有言說法无解荅即有解法无知見荅即有知見法无彼此

无心故菩即有心法无言説菩即有言説法无解菩即有解法无知見菩即有知見法无彼此
菩即有彼此如此心言俱是計著心非色故不属色心非々色不属非色心无所属即是解脱若
杞禁戒時忙怕但知怕心不可得亦得解脱亦知生天不可得雖知空々亦不可得雖知不可得不可得
亦不可得心若有所貴必有所賤心有所是必有所非是心若善一箇物一切物即不善此心觀一
箇物一切物作怨家心不住色不住々亦不住不住心若有住即不免繩索心若有所作處即是被
縛心若重法々髻得係心若尊一箇法心必有所卑若取經論意會不貴解但使有所解處即
有心所屬心有所屬即是被縛經云非下中上法得涅槃心雖即或入而不作无或解心若起時即
作法看起處若分別依法看分別處若貪若瞋倒即依法看起處不見起處即是脩道若
對物不分別亦是脩道但使有心起即檢校依法併當却　問脩道得道有遲疾不　答校百千万
劫即心是者疾發心行行者遲利根人知即心是道純根人處々求道不知道處又不知即心自是阿
耨菩提　問云何疾得道　答心是道解故疾得道行者自知或起時即作法看使盡　問云何心
是道解　答心如木石譬如有人以手自畫作龍虎自見之還自恐怕或人亦知是心識業子畫作
刀山劍樹還以心識畏之若能无心畏妄想悉除憶識業子分別畫作色聲香未觸還自見之起
貪嗔癡或見或捨還以心憶識分別起種々業若能知心識從本已來空寂不見處所即是道或於
別畫作虎狼師子毒龍惡鬼五道將軍閻羅王牛頭阿婆以自心分別屬之即受諸苦惱但使心
所分別者皆是色若悟心從本已來空寂知心非色即不屬色非是色自心化作但知不實即得解
脱今若依仏法僧行道時不得有善惡好醜因果是非持戒破戒等見若人作如是計校者皆

界平等无有得失若依法仏脩道不求涅槃何以故法是涅槃故云何以涅槃求涅槃亦不求法
心是法界故云何以法界求法界若欲正心時不畏一切法不求一切法若用法仏脩道者心如石頭冥冥
不覺不知不分別一切騰騰如似癡人何以故法无覺知故法能施我无畏故是大安隱處辟如有人
犯死罪必合斬首值王放赦即无死憂衆生亦如是造仏十惡五逆必墮地獄法王放大寂滅赦即免一
切罪若人与王善友因行在他處煞他男女為他所執便欲報怨是人忙怕无賴忽見大王即得解脫
若人破戒犯煞犯婬犯盜畏墮地獄自見己之法王即得解脫脩道法依文字中得解者氣力弱若
從事上得解者氣力壯從事中見法者即處處不失念從文字中解者逢事即眼闇經論談事与法
踈雖口談事耳聞事不如身心自經事若即事即法者深世人不可惻脩道人數數被賊盜物奪剝
无愛著心亦不懊惱數被人罵辱打謗亦不懊惱若如此者道心漸漸壯積年已自然於一切違順都
无心是故即事不牽者可謂大力菩薩脩道心若欲壯大會寄心規域外　問何等事名為規域外
答不識大小乘解不發菩提心乃至不願一切種智不貴解定之人不賤著貪欲人乃至不願仏智惠
其心自然閑靜若人不取解不求智惠如此者欲免法師禅師等惑亂若能存心立志不願凡聖不
求解脫復不畏生死亦不畏地獄无心直作任始成所規鈍心若能見一切賢聖百千劫作神通轉變不
生願樂心者此人欲免他誑惑　又問若為生規域外　答人義礼智信者名規域生死涅槃亦名
規域若欲出規外乃至无有凡聖名字不可以有法知不可以无法知不可以有无法知齊知是之所解處
亦名規域內不發凡夫心聲聞菩薩心乃至不發仏心不發一切心始名出規域外若欲一切心不起不作解不
起惑始名為出一切世間癡人等逢一箇胡魅漢作鬼語即作鬼解用為指南不可論若為得作大物
用聞有人領百千万億衆即心動狩看自家心法為有言說文字心不　問何者名為淳朴何者名

BD01199-1　二入四行論

起惑始名為出一切世間癡人等逢一箇胡魅漢作鬼語即作鬼解用為指南不可論若為得作大物
用聞有人領百千万億衆即心動狩看自家心法為有言說文字心不　問何者名為淳朴何者名
為巧為心　答文字言說名巧為色非色等行住坐臥施為舉動皆是淳朴乃至逢一切苦樂等
事其心不動始名淳朴心　問何名為正何名為耶　答无心分別名為正有心解法名為耶
乃至不覺耶正經云住正道者不分別是耶是正　問何者是利根鈍根　答不由師教從事
見法者名為利根從師言教解者名為鈍根從師教聞法亦有利根鈍根聞師言不著有即
不取不有不著相即不取无相不著生不取无生此利根人貪解取義是非等見此鈍根人
解義利根人聞道不發凡夫心乃至賢聖心亦不發凡聖雙絕此是利根人聞道不愛財色
乃至仏菩提亦不愛〻若愛即捨亂取靜捨愚癡取智恵捨有為取无為不能雙絕无导此是
鈍根人舉況即去越過一切凡聖境界聞道不發貪欲心乃至正念正思惟亦不發聲聞心
乃至菩薩心亦不發是名利根人菩薩心法界為舍宅四无量心為式場凡有施為終不出法界心何以故緣
是法界故從係種〻云為跳踉蹄躑悉不出法界亦不入法界若以法界即是〻癡人菩薩〻〻見法界故
名法眼淨不見法有生住滅亦名法眼淨經云不滅〻癡愛者愛本不生今无可滅癡愛者就內外
中間求覓不可見不可得乃至十方求之无毫釐相可得即不須滅而求解脫　問世間人種〻學
問云何不得道　答由見已故不得道若能不見已即得道已者我也聖人所以逢苦不憂遇樂不喜者
由不見已故所以不受苦樂者由亡已故得至虛无已尚自亡更有何物而不亡也天下亡已者有已若能亡
已時一切本无已者攝生計校即滅生老病死憂悲惱苦寒〻熱〻風雨一切不如意事此並妄想現由如幻
化去住不由已何以故攝生非逆不聽去住所以有煩惱由報已故即有去住知去住不由已者即我所是

自是之而物非是也非者我自非之而物非也如風雨青黃赤白等譬可知好者我自好之而物非好也何
以故如眼耳鼻舌色聲等譬喻可知　問經云住於非道通達佛道　答行非道者不捨名不捨相
通達者即名無名即相無相　又云行非道者不捨貪不捨愛通達者即貪無貪即愛無愛行
非道者即苦無苦即樂無樂名為通達不捨生不捨死名為通達住非道者即生無生不取無
生即我無我不取無我名為通達佛道若能即非無非不取無非是名通達佛道以要言之即心無心名
為通達心道　問云何達一切法　答即物不起見名為達即物不起心即物不起貪即物不起惱皆名
為達即色無色正達色即有不有名達有即生死無生名為達生即法無法名達法逢法物直達此
人慧眼開亦可觸物不見相異無異名為達　問經云外道樂諸見菩薩於見而不動天魔樂生死菩薩於生
死而不捨　答邪見同正見故不動外道樂諸見者謂見有見無即有不有即無不無名無不動不動者
不離邪是正解時無邪不須離邪求正即有不有不動時見有即無不無不動時見無依法看邪正
都不異故言不動亦不須捨故言於諸見而不動經云以邪相入正法　又云不捨八邪入八解脫生死同
涅槃故不捨即生無生即死無死不待捨生以入無生捨死入於無死寂滅故涅槃經云一切衆生本來寂滅
不復更滅　又云一切法皆涅槃不須捨生死始是涅槃如人不須捨凍陵始是水性自同故生死涅槃亦
性同故不須捨是故菩薩於生死而不捨菩薩住不住動者住無住名為住以外道樂諸見故菩薩教令即見
無見不勞離見然後無見天魔樂生死菩薩不捨者欲令悟生死生不待捨生以入無生如似不須捨水而
求濕捨火而就熱水即濕火即熱如生死即是涅槃是故菩薩不捨生死而入涅槃生死性即涅槃故以不得
斷生死而入涅槃何以故生死性即是涅槃聲聞斷生死入涅槃菩薩知性平等故能以大悲同物取
用生死義名異不動涅槃亦義一名異　問大道為近為遠　答如似陽炎非近非遠鏡中面像亦非近非

斷生死亦入涅槃何以故生死性即是涅槃聲聞斷生死入涅槃菩薩知性平等故能以大悲同物取
用生死義一名異不動涅槃亦義一名異　問大道為近為遠　答如似陽炎非近非遠鏡中面像亦非近非
遠虛空浪宕計花等亦非近非遠若言是近十方求之不可得若言是遠了了眼前經論云近而不可見者
万物之性也若見物性者名為得道見物心者是物性無物相即物無物是名物性所謂有形相之物皆
是物當見物性實而不謬者名為見諦亦名見法近而不可見者法相也智者任物不任己即無取捨
亦無違順愚者任己不任物即有取捨即有違順若能虛心寬放大亡天下者即是任物隨時任物隨時
即易違拒化物即難物欲來任之莫逆物去若欲放去勿追所作事過而勿悔事時未至者放而勿
思是行道人若能任者即委任天下得失不由我若任而不拒縱而不逆者何處何論時而不逍遙
問云何名為大道甚易知易行而天下莫能知莫能行願聞之　答此言實亦高臥放任不作一箇物
名為行道不見一箇物名為見道不知一箇物名為脩道不行一箇物名為行道亦名易知亦名易行
問曰經云慎終如始必無敗事此云何　答此是懷信義人一發心永無退沒有古有今初發心是今於今望昔
是古於今古望初是今若道心有始有終者名為信仏法人法人古今不改者名為實虛妄誑詐者
名為菩薩　問云何是菩薩行　答非賢聖行非凡夫行是菩薩行若學菩薩時不取世法不捨世法若能即
心識入道者凡夫聲聞無能測量所謂一切事處一切事處一切色處一切惡業處菩薩用之皆作佛事
皆作涅槃皆是大道即一切處無處不處即是法處即是道處菩薩觀一切處即是法處菩薩不
捨一切處不取一切處不簡擇一切處皆作仏事即生死作仏事即惑作仏事　問法無法云何作仏
答即作處非作處無作處法即善處不善處見仏　問云何見仏　答即貪不見貪相見貪法
不見苦相見苦法不見夢相見法夢是名一切處見仏若見相時即一切處見鬼　問法界體性在何處

處立處是菩提處舉足下足一切皆是菩提處　問諸仏境界願為說之　答非有非无不取非
有非无者名仏境若心如木石不可有智知不可以无智知仏心不可以有知法身不可以像見齊智之
所解者是妄想分別從你作種種解皆是自心計校自心妄相諸仏智惠不可說示人亦不可藏
隱亦不可禪定測量絕解絕知名為諸仏境界不可量量度是名仏心若能信仏心如是者
亦即滅无量恒沙煩惱若能存心念仏智惠如是者此人道心日日壯大　問何名如來惠日漸
沒於地　答非有見有惠日沒於有地无相見相亦然　問何名不動相　答不得於有无
有可動不得於无无无可動即心无心无可動即相无相无相可動故名不動相若作如是證者
是名自證惑上來未解解時无法可解　問現見有生滅云何言无生滅　答從緣生者不名為
生從緣生故從緣滅者不能自滅從緣故滅　問云何緣生不名為生　答從緣生不從彼生亦不自
生亦不共生亦不无因生　又无生法復无生者亦无生處是故知不生所見生幻非生幻滅非滅
問凡夫何故墮三惡道　答有我故癡故道言我飲酒智者言你无酒時何不飲无酒能道我飲
无酒你我何處在癡人亦言我作罪此皆是緣生无自性生時既知无我誰作誰受經云凡夫強分
別我貪我嗔恚如是愚癡人即墮三惡道經云罪性非內非外非兩中間者此明罪无處所无處
者即是寂滅處人墮地獄者由心計我憶想分別謂我作惡我受我作亦我受此是惡業從本已來
无橫憶想分別謂為是有此是惡業　問誰能度我　答法能度我何以得知取相故墮地獄觀
法故解脫若見相憶想分別即受鑊湯爐炭牛頭阿婆等事即現見生死相若見法界性即
涅槃性无憶想分別即是法界性　問云何法界體　答心體是法界體此法界无體亦无畔際

涅槃性无憒想分別時是法界性　問云何法界體　答心體是法界體此法界无體亦无畔齊
廣大如空虛不可見是名法界體　問云何知法　答法名无覺无知心若无覺无知此人知法〻名
不可識不見心若不識不見名為見法不知一切法名為知法不得一切法名為得法不見一切法名為
見法不分別一切法名為分別法　問法名无見云何无㝵知見　答无知見无㝵知无見是无㝵見
問法名无覺仏名覺者云何　答法名不覺仏名覺者以覺為覺与法同覺是仏覺若勤
看心相見法相勤看心處是寂滅處是无生處解脫處虛空處菩提處心處者无處〻是法界處道場
處法門處智惠處禪定无㝵處若作如此解者是墮坑落壍之人　問六波羅蜜能生一切智　答波
羅蜜者无自无他誰受誰得衆生之類共業果報无有分別指之与相經去難勝如來及會中
衆下凡人等於大悲具足法施名為檀波羅蜜无事无因无有集藏體性如〻究竟无非
其誰求是〻非不起即戒體清淨名為尸波羅蜜心无內外能止焉寄音聲之性无所染
著乎如虛空名為羼提波羅蜜離諸根量究竟開發不住諸相名為毗尼耶波羅蜜
三世无相刹那无住處事法不居靜亂性如名禪波羅蜜涅槃真如體不可見不起戲論
離心意識不住方便名為如〻无可用〻而非用經云有惠方便解是故名為波若波羅
問何名解脫　答心非色故不屬色心非非色不屬非色不屬非色心雖照色不屬色照非色
者一切相非非色者空心雖不屬非色〻照色心非色相可見心雖非色非是空心非色者心不同
太虛了〻照空不空小乘雖照空不照不空聲聞唯得空不得不空　問何名一切法非有非无
答心體无體是法體心非色故非有用而不廢故非无復次用而常空故非有空而常用
故非无復次无自故非有從緣起故非凡夫住有小乘住无菩薩不住有无是自心計妄相色〻非

可破壞故名金剛心々不住々不住不住名般波若心々性廣大運用无方故名摩訶衍心辭
開通无鄣无㝵故名菩提心々无崖畔亦无方所々心无相故非有邊用而不廢故非无邊
非有際非无際名為實際心々无異々无不異即心无辭不異即心无辭而无不辭非不異々无異
名如心即心无名異隨物而變名无異亦名真如心々非內外中間亦不名在諸方心无住處是
法住處法界住處亦名法界心々性非有非无古今不改故名法性心々无生无滅名涅槃心若
作此解者是妄想顛倒不了自心現境界名為波浪心　問云何自心現　答見一切法有々自
不有自心計作有見一切法无々自不无自心計作无乃至一切法亦如是並自心計作有計作无貪似
何物作貪解自心起見故自心計處无所是名妄相自謂生一切外道計亦是妄想自謂无念
无分別亦是妄想行時法行非我行非我不行坐時法坐非我坐作此解者亦是妄想　法師曰若
問何謂結何謂餘習
欲取遠意時會是結習俱盡　若生滅是正結不生不滅是愚癡家餘習不可用　問為依法
為依人　答如我解時人法都不依依法不依人者還是一箱見依人不依法者亦尔　又曰若
若有解氣時免人法誑惑精神亦可何故貴智故被人法誑若重一人為是者即不免此人惑亂
乃至謂佛為勝々亦者不免誑何以故迷境界故依此之信心重故　又曰愚人謂佛之中勝謂
涅槃法中勝法中勝者即被々法之所惑亂若々謂法性實際不問知与不知謂自性不生滅亦
自誑惑　志法師屠兒行上見緣法師問見屠兒殺羊不　緣法師曰我眼不盲何以不見
志法師曰緣公乃言見之　緣師曰更乃見之　志師復問若作有相見即是凡夫見若作性空見
即是二乘見若作非有非无見即是緣覺見若矜愍見則是愛悲見若用心見即是外道見
若人識見即是大麁見若不[illegible]　緣師曰我

即是二乘見若作非有非无見即是緣覺見若怜愍見則是愛悲見若用心見即是外道見
若以識見即是天魔見若不見色與非色復不應有見若為見得遠離諸過 緣師曰我
都不作爾許重種心見心若作見你為作如許種〻妄相自惑自亂 有人問緣師何以不教
我法 答我若立法教你即是不作接你若我立法即誑惑你即負失你我有法何以得
說你大人我那得向你道乃至有名有字皆誑惑你大道意乃之許得向你道若得道即作
何物用更問即不答 後時復問若為安心 答不得發大道心知我意者即心无可知冥然
亦不覺 又問何者是道 答你欲發心向道奸巧起墮在有心中若欲起道巧為生有心方
便者皆奸為生 又問何謂奸為 答用知解逐名百巧起若欲斷奸為時不發菩提
心不用經論智能爾者始欲有人身解氣若有精神不貴解不求法不好智少得閑靜 又曰
若不求妙解不與人為師亦不師於法自然獨步 又曰你不起鬼魅心我亦可將接你
問何謂鬼魅 答閉眼入定 問某甲斂心禪定即不動 答此是縛定不中用乃至四禪皆定
是一段靜而復亂不可貴此是你法還是破壞法非究竟法若能解性无靜亂即得自在
不為靜亂所攝此是有精神人 又曰若能不取解不作惑心即不貴深智者此是安隱人
若有一法可貴可重者此法最能繫縛你墮在有心中此是不可賴物世間凡人被名字繫
者天下无數有人問可師若為得作聖人 答一切凡聖皆為妄想計校作是 又問既是妄想若
為脩道 答道似何物而欲脩之法无高下相法无去來相 又問教弟子安心若將汝心
來與汝安 又言但與弟子安心 答譬如請巧人裁衣巧人得汝絹帛始得下刀本不見絹帛
寧得與汝裁割虛空汝不能將心與我〻知為汝安何物心實不能安虛空 又言與弟子懺悔

又言實不知處　答若不知處譬如虛空知似何物而言斷盡空　又經云斷一切惡脩一切善
得成仏　答此是妄想自心現　又問十方諸仏皆斷煩惱得成仏道汝浪作此計校无一箇底
莫　又問仏何以度衆生　答鏡中像度衆生時仏即度衆生　又問我畏地獄懺悔脩道
答我在何處我復似何物　又言不知處　答我尚自不知處阿誰墮地獄既不知似何
物者此並妄想計有此由妄想計有故即有地獄　又問其道皆妄想作者何者是妄
想作　答法无大小形相高下譬如家內有大石在庭前從汝眠上坐上不驚不懼忽然發
心作像雇人畫作仏形像心作仏解即畏罪不敢坐上此是本時石由你心作是心復似何物
皆是你意識筆子頭畫作是自㤼自怕石中實无罪福你家心自作是如人畫作夜叉鬼形
又作龍虎形自畫還自見即自恐懼彩色中畢竟无可畏處皆是你家意識筆子分別作
是阿䔍有一箇物悉是你妄想心作是　問有幾種仏說法　答楞伽經有四種仏說所謂法
仏說是離虛空通法　報仏說妄想不實法智惠仏說離覺法應化仏說六波羅蜜法
有人問楞伽禪師心緣過去未來事即被繫縛若爲可止　答若緣生時即知滅盡
相畢竟更不起何以故心无自性故是以經云一切法无性故一念起時即不生不滅何以故生時不從
東方來亦不從南方西北方來本无來處即是不生若知不生即是不滅　又問若繫心
成業若爲可斷　答无心故不須斷妄想故此心无生處亦无滅處妄想生法故經云業
鄣罪不從南西北方四維上下來皆因顛倒起不須疑其察過去諸仏法十方求之悉不可得
有人問顗禪師何謂藥　答一切大乘是對病語若能即心不起病時何須對病藥對有病
故說空无藥對有我故說无我藥對生滅故說无生滅對慳故說布施對疑故說智惠

有人問顗禪師何謂藥　答一切大乘是對病語若能即心不起病時何須對病藥對有病
故說空空无藥對有我故說无我藥對生滅故說无生滅對慳故說布施對癡故說智惠
乃至對邪見故說正見對惑說解此皆是對病語若无病特何須此藥　有人問暄禪師何
謂是道轉　答心是道轉此是轉无轉是不可思議法非有非无何以故心无性故非是從
緣生故非是无心无形想故非有用而不癈故非无　渕禪師曰若知一切法畢竟空能知所知
亦空能知之智亦空所知之法亦空故曰法智俱空是名空空故仏藏經云過去仏說一切法畢
竟空未來仏說一切法亦畢竟空　藏法師曰於一切法无所得者是名脩道之何以故見一
切色者眼不得一切色耳聞一切聲者耳不得一切聲乃至意所緣境界亦如是故經云心无所得
仏即受記經云一切法不可得不可得亦不可得　賢禪師曰眼見處即實際一切法皆是實際
更覓何物　安禪師曰直心是道何以故直念直用更不觀空亦不求方便此是久行道
人經云直視不見直聞不聽直念不思直受不行直說不煩　憐禪師曰法性無轉直用
莫疑經云一切法本無經云本无心故如心故本无經云諸法若先有今始无者一切諸仏則為
罪過　洪禪師曰凡是施為舉動皆如見色聞聲亦如乃至一切法亦如何以故无變異故
眼見色時眼无異處即是眼如耳聞聲時耳无異處即是耳如意无異處即是意
如若解一切法如即是如來經云衆生如賢聖亦如一切法亦如　覺禪師曰若悟心无所屬
即得道迹何以故眼見一切色眼是自性解脫耳聞一切聲耳不屬

五言詩一首　贈上　寫書今日了　因何不送錢　誰家無賴漢　迴面不相看

BD01200 維摩詰所説經卷上

（後秦）鳩摩羅什 譯

734cm×26.5cm

佛威儀心大如海諸佛咨嗟弟子釋梵世
主所敬欲度人故以善方便居毗耶離資財
无量攝諸貧民奉戒清淨攝諸毀禁以忍
調行攝諸恚怒以大精進攝諸懈怠一心禪
定攝諸亂意以決定慧攝諸无智雖為白衣
奉持沙門清淨律行雖處居家不著三界示
有妻子常脩梵行現有眷屬常樂遠離雖服
寶飾而以相好嚴身雖復飲食而以禪悅為
味若至博弈戲處輙以度人受諸異道不毀
正信雖明世典常樂佛法一切見敬為供養中
最執治正法攝諸長幼一切治生諧偶雖獲
俗利不以喜悅遊諸四衢饒益衆生入治正
法救護一切入講論處導以大乘入諸學
堂誘開童蒙[illegible]

若在居士居士中尊斷其貪著若在剎利剎
利中尊教以忍辱若在婆羅門婆羅門中尊除
其我慢若在大臣大臣中尊教以正法若在
王子王子中尊示以忠孝若在內官內官中
尊化政宮女若在庶民庶民中尊令興福力
若在梵天梵天中尊誨以勝慧若在帝釋帝
釋中尊示現无常若在護世護世中尊護諸
衆生長者維摩詰以如是等无量方便饒益
衆生其以方便現身有疾以其疾故國王大
臣長者居士婆羅門等及諸王子并餘官屬
无數千人皆往問疾其往者維摩詰因以身
疾廣為說法諸仁者是身无常无强无力无
堅速朽之法不可信也為苦為惱衆病所集

堅速朽之法不可信也為苦為惱衆病所集
諸仁者如此身明智者所不怙是身如聚沫
不可撮摩是身如泡不得久立是身如炎從
渴愛生是身如芭蕉中无有堅是身如幻從
顛倒起是身如夢為虛妄見是身如影從業
緣現是身如響屬諸因緣是身如浮雲須臾
變滅是身如電念念不住是身无主為如地
是身无我為如火是身无壽為如風是身无
人為如水是身不實四大為家是身為空離
我我所是身无知如草木瓦礫是身无作風
力所轉是身不淨穢惡充滿是身為虛僞雖
假以澡浴衣食必歸磨滅是身為災百一病
惱是身如丘井為老所逼是身无定為要當

共合成諸仁者此可患厭當樂佛身所以者
何佛身者即法身也從无量功德智慧生從
戒定慧解脫解脫知見生從慈悲喜捨生從
布施戒善忍辱柔和勤行精進禪定解脫三
昧多聞智慧諸波羅蜜生從方便生從六通
生從三明生從卅七道品生從止觀生從十力
四无所畏十八不共法生從斷一切不善法集
一切善法生從真實生從不放逸生從如是
无量清淨法生如來身諸仁者欲得佛
身斷一切衆生病者當發阿耨多羅三藐三
菩提心如是長者維摩詰為諸問疾者如應
說法令无數千人皆發阿耨多羅三藐三菩
提心

弟子品第三

弟子品第三
尒時長者維摩詰自念寢疾于牀世尊大慈
寧不垂愍佛知其意即告舍利弗汝行詣維
摩詰問疾舍利弗白佛言世尊我不堪任詣
彼問疾所以者何憶念我昔曾於林中宴坐
樹下時維摩詰來謂我言唯舍利弗不必是
坐為宴坐也夫宴坐者不於三界現身意是
為宴坐不起滅定而現諸威儀是為宴坐不
捨道法而現凡夫事是為宴坐心不住內亦不
在外是為宴坐於諸見不動而脩行三十七
品是為宴坐不斷煩惱而入涅槃是為宴坐
坐若能如是坐者佛所印可時我世尊聞是
語嘿然而止不能加報故我不任詣彼問疾
佛告大目揵連汝行詣維摩詰問疾目

念我昔入毗耶離大城於里巷中為諸居士說
法時維摩詰來謂我言唯大目連為白衣居
士說法不當如仁者所說夫說法者當如法
說法无衆生離衆生垢故法无有我離我
垢故法无壽命離生死故法无有人前後際
斷故法常寂然滅諸相故法離於相无所緣
故法无名字言語斷故法无有說離覺觀故
法无形相如虛空故法无戲論畢竟空故法
无我所離我所故法无分別離諸識故法无
有比无相待故法不屬因不在緣故法同法
性入諸法故法隨於如无所隨故法住實際
諸邊不動故法无動搖不依六塵故法无去
來常不住故法順空隨无相應无作法應好

来常不住故法順空隨无相應无作法應好
醜法无增損法无生滅法无所歸法過眼耳
鼻舌身心法无高下法常住不動法離一切
觀行唯大目連法相如是豈可說乎夫說法
者无說无示其聽法者无聞无得譬如幻士
為幻人說法當建是意而為說法當了衆生
根有利鈍善於知見无所罣导以大悲心讚
于大乘念報佛恩不斷三寶然後說法維摩
詰說是法時八百居士發阿耨多羅三藐三
菩提心我无此辯是故不任詣彼問疾
佛告大迦葉汝行詣維摩詰問疾迦葉白佛
言世尊我不堪任詣彼問疾所以者何憶念
我昔於貧里而行乞時維摩詰来謂我言唯

迦葉住平等法應次行乞食為不食故應行
乞食為壞和合相故應取揣食為不受故應
受彼食以空聚想入於聚落所見色與盲等
所聞聲與響等所嗅香與風等所食味不分
別受諸觸如智證知諸法如幻相无自性无他
性本自不然今則无滅迦葉若能不捨八邪
入八解脫以邪相入正法以一食施一切供
養諸佛及衆賢聖然後可食如是食者非
有煩惱非離煩惱非入定意非起定意非住
世間非住涅槃其有施者无大福无小福不
為益不為損是為正入佛道不依聲聞迦葉
若如是食為不空食人之施也時我世尊聞
說是語得未曾有於一切菩薩深起敬心復
作是念斯有家名辯才智慧乃能如是其誰

作是念斯有家名稱才智慧乃能如是其誰
不發阿耨多羅三藐三菩提心我從是來不
復勸人以聲聞辟支佛行是故不任詣彼
問疾
佛告須菩提汝行詣維摩詰問疾須菩提白
佛言世尊我不堪任詣彼問疾所以者何憶
念我昔入其舍從乞食時維摩詰取我鉢盛
滿飯謂我言唯須菩提若能於食等者諸法
亦等諸法等者於食亦等如是行乞乃可取
食若須菩提不斷婬怒癡亦不與俱不壞於
身而隨一相不滅癡愛起於明脫以五逆相而
得解脫亦不解不縛不見四諦非不見諦非
得果非凡夫非離凡夫法非聖人非不聖人雖
成就一切法而離諸法相乃可取食

捨不見佛不聞法彼外道六師富蘭那迦葉
末伽梨拘賒梨子删闍夜毗羅胝子阿耆多
翅舍欽婆羅迦羅鳩馱迦旃延尼揵陀若提
子等是汝之師因其出家彼師所墮汝亦隨
墮乃可取食若須菩提入諸邪見不到彼岸
住於八難不得无難同煩惱離清淨法汝得
无諍三昧一切衆生亦得是定其施汝者
不名福田供養汝者墮三惡道為與衆魔
共一手作諸勞侶汝與衆魔及諸塵勞等
无有異於一切衆生而有怨心謗諸佛毀於
法不入衆數終不得滅度汝若如是乃可取食
時我世尊聞此茫然不識是何言不知以何
荅便置鉢欲出其舍維摩詰言唯須菩提取
鉢勿懼於意云何如來所作化人若以是事詰

鉢勿懼於意云何如来所作化人若以是事詰
寧有懼不我言不也維摩詰言一切諸法如
幻化相汝今不應有懼也所以者何一切
言説不離是相至於智者不著文字故无
所懼何以故文字性離无有文字是則解脱
解脱相者則諸法也維摩詰説是法時二百
天子得法眼淨故我不任詣彼問疾
佛告富樓那彌多羅尼子汝行詣維摩詰問
疾富樓那白佛言世尊我不堪任詣彼問疾
所以者何憶念我昔於大林中在一樹下爲諸
新學比丘説法時維摩詰来謂我言唯富樓
那先當入定觀此人心然後説法无以穢食置
於寶器當知是比丘心之所念无以流璃同彼
水精汝不能知衆生根原无得發起以小乘

法彼自无瘡勿傷之也欲行大道莫示小徑
无以大海内於牛跡无以日光等彼熒火富
樓那此比丘久發大乘心中忘此意如何以
小乘法而教導之我觀小乘智慧微淺猶如
盲人不能分別一切衆生根之利鈍時維摩
詰即入三昧令此比丘自識宿命曾於五百
佛所殖衆德本迴向阿耨多羅三藐三菩提
即時豁然還得本心於是諸比丘稽首礼
維摩詰足時維摩詰因爲說法於阿耨多羅
三藐三菩提不復退轉我念聲聞不觀人根
不應說法是故不任詣彼問疾
佛告摩訶迦旃延汝行詣維摩詰問疾迦旃
延白佛言世尊我不堪任詣彼問疾所以者
何憶念昔者佛爲諸比丘略說法要我即於

何憶念昔者佛為諸比丘略説法要我即於
後敷演其義謂无常義苦義空義无我義
寂滅義時維摩詰來謂我言唯迦旃延无以生
滅心行説實相法迦旃延諸法畢竟不生不滅
是无常義五受陰通達空无所起是苦義諸
法究竟无所有是空義於我无我而不二是
无我義法本不然今則无滅是寂滅義説
是法時彼諸比丘心得解脱故我不任詣彼
問疾
佛告阿那律汝行詣維摩詰問疾阿那律白
佛言世尊我不堪任詣彼問疾所以者何憶
念我昔於一處經行時有梵王名曰嚴淨與
万梵俱放淨光明來詣我所稽首作礼問我

見此釋迦牟尼佛土三千大千世界如觀掌
中菴摩勒菓時維摩詰來謂我言唯阿那律
天眼所見為作相耶无作相耶假使作相則與
外道五通等若无作相即是无為不應有見
世尊我時嘿然彼諸梵聞其言得未曾有即
為作礼而問曰世孰有真天眼者維摩詰有佛
世尊得真天眼常在三昧悉見諸佛國不以二
相於是嚴淨梵王及其眷屬五百梵天皆發
阿耨多羅三藐三菩提心礼維摩詰足已忽
然不現故我不任詣彼問疾
佛告優波離汝行詣維摩詰問疾優波離白
佛言世尊我不堪任詣彼問疾所以者何憶念
昔者有二比丘犯律行以為恥不敢問佛來
問我言唯優波離我等犯律誠以為恥不敢

問我言唯優波離我等犯律誠以為恥不敢
問佛願解疑悔得免斯咎我即為其如法解
說時維摩詰來謂我言唯優波離无重增此
二比丘罪當直除滅勿擾其心所以者何彼
罪性不在内不在外不在中間如佛所說心
垢故衆生垢心淨故衆生淨心亦不在内不在
外不在中間如其心然罪垢亦然諸法亦然不
出於如如優波離以心相得解脫時寧有垢不
我言不也維摩詰言一切衆生心相无垢亦復
如是唯優波離妄想是垢无妄想是淨顛
倒是垢无顛倒是淨取我是垢不取我是
淨優波離一切法生滅不住如幻如電諸法
不相待乃至一念不住諸法皆妄見如
夢如炎如水中月如鏡中像以妄想生其知

此者是名奉律其知此者是名善解於是
二比丘言上智哉是優波離所不及持律之
上而不能說我答言自捨如來未有聲聞及
菩薩能制其樂說之辯其智慧明達爲若此
也時二比丘疑悔即除發阿耨多羅三藐三
菩提心作是願言令一切衆生皆得是辯故
我不任詣彼問疾
佛告羅睺羅汝行詣維摩詰問疾羅睺羅白
佛言世尊我不堪任詣彼問疾所以者何憶
念昔時毗耶離諸長者子來詣我所稽首作
礼問我言唯羅睺羅汝佛之子捨轉輪王位出
家爲道其出家者有何等利我即如法爲說
出家功德之利時維摩詰來謂我言唯羅睺
羅不應說出家功德之利所以者何无利无

羅不應説出家功徳之利所以者何无利无
功徳是為出家有為法者可説有利有功徳
夫出家者為无為法无為法中无利无功徳
羅睺羅夫出家者无此无彼亦无中間離六十
二見處於涅槃智者所受聖所行處降伏衆
魔度五道淨五眼得五力立五根不惱於彼離
衆雜惡摧諸外道超越假名出淤泥无繫著
无我所无所受无擾亂内懷喜護彼意隨禪
定離衆過若能如是是真出家於是維摩詰
語諸長者子汝等於正法中宜共出家所以者
何佛世難值諸長者子言居士我聞佛言
父母不聽不得出家維摩詰言然汝等便發
阿耨多羅三藐三菩提心是即出家是即具

善根、故我不任詣彼問疾
佛告阿難汝行詣維摩詰問疾阿難白佛言
世尊我不堪任詣彼問疾所以者何憶念昔
時世尊身小有疾當用牛乳我即持鉢詣大
婆羅門家門下立時維摩詰來謂我言唯阿
難何為晨朝持鉢住此我言居士世尊身小
有疾當用牛乳故來至此維摩詰言止止阿
難莫作是語如來身者金剛之體諸惡已斷衆
善普會當有何疾當有何惱嘿往阿難勿謗
如來莫使異人聞此麁言无令大威德諸天
及他方淨土諸來菩薩得斯語向難轉輪
聖王以少福故尚得无病豈況如來无量福
會普勝者哉行矣阿難勿使我等受斯耻
世外道梵志若聞此語當作是念何名為師

世外道梵志若聞此語當作是念何名為師，
自疾不能救而能救諸疾人可密速去勿使
人聞當知阿難諸如來身即是法身非思欲
身佛為世尊過於三界佛身无漏諸漏已盡
佛身无為不墮諸數如此之身當有何病時
我世尊實懷慚愧得无近佛而謬聽耶即聞
空中聲曰阿難如居士言但為佛出五濁惡
世現行斯法度脫衆生行矣阿難取乳勿慚
世尊維摩詰智慧辯才為若此也是故不任
詣彼問疾如是五百大弟子各各向佛說其
本緣稱述維摩詰所言皆曰不任詣彼問疾

菩薩品第四

於是佛告彌勒菩薩汝行詣維摩詰問疾彌
勒白佛言世尊我不堪任詣彼問疾所以者

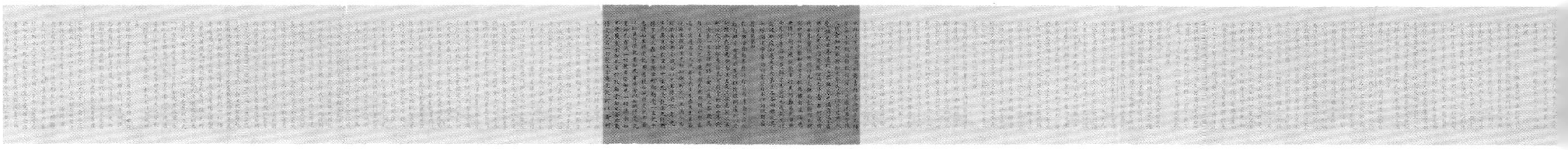

何憶念我昔為兜率天王及其眷屬說不退
轉地之行時維摩詰来謂我言弥勒世尊授
仁者記一生當得阿耨多羅三藐三菩提為
用何生得受記乎過去耶未来耶現在耶若
過去生過去生已滅若未来生未来生未至若
現在生現在生无住如佛所說比丘汝今即
時亦生亦老亦滅若以无生得受記者无
生即是正位於正位中亦无受記亦无得阿
耨多羅三藐三菩提云何弥勒受一生記乎
為從如生得受記耶為從如滅得受記耶若
以如生得受記者如无有生若以如滅得受記
者如无有滅一切衆生皆如也一切法亦如
也衆聖賢亦如也至於弥勒亦如也若弥勒
得受記者一切衆生亦應受記所以者何

得受記者一切衆生亦應受記所以者何
夫如者不二不異若弥勒得阿耨多羅三藐
三菩提者一切衆生皆亦應得所以者何一
切衆生即菩提相若弥勒滅度者一切衆生
亦當滅度所以者何諸佛知一切衆生畢竟
寂滅即涅槃相不復更滅是故弥勒无以此
法誘諸天子實无發阿耨多羅三藐三菩提
心者亦无退者弥勒當令此諸天子捨於分
別菩提之見所以者何菩提者不可以身得
不可以心得寂滅是菩提滅諸相故不觀是
菩提離諸緣故不行是菩提无憶念故斷是
菩提捨諸見故離是菩提離諸妄故鄣是菩
提鄣諸願故不入是菩提无貪著故順是菩

至實際故不二是菩提離意法故等是菩提等
虛空故无為是菩提无生住滅故智是菩提
了衆生心行故不會是菩提諸入不會故不
合是菩提離煩惱習故无處是菩提无形色
故假名是菩提名字空故如化是菩提无取
捨故无亂是菩提常自靜故善寂是菩提性
清淨故无取是菩提離攀緣故无異是菩提
諸法等故无比是菩提无可喻故微妙是菩
提諸法難知故世尊維摩詰說是法時二
百天子得无生法忍故我不任詣彼問疾
佛告光嚴童子汝行詣維摩詰問疾光嚴
白佛言世尊我不堪任詣彼問疾所以者何憶
念我昔出毗耶離大城時維摩詰方入城我
即為作礼而問言居士從何所來荅我言吾

即爲作礼而問言居士從何所来荅我言吾從道場来我問道場者何所是荅曰直心是道場无虚假故發行是道場能辦事故深心是道場增益功德故菩提心是道場无錯謬故布施是道場不望報故持戒是道場得願具故忍辱是道場於諸衆生心无导故精進是道場不懈退故禪定是道場心調柔故智慧是道場現見諸法故慈是道場等衆生故悲是道場忍疲苦故喜是道場悅樂法故捨是道場憎愛斷故神通是道場成就六通故解脫是道場能背捨故方便是道場教化衆生故四攝是道場攝衆生故多聞是道場如聞行故伏心是道場正觀諸法故卅七品是道場捨有爲法故諦是道場不誑世間故緣起

是道塲无明乃至老死皆无盡故諸煩惱是道
塲知如實故衆生是道塲知无我故一切法
是道塲知諸法空故降魔是道塲不傾動故
三界是道塲无所趣故師子吼是道塲无所
畏故力无畏不共法是道塲无諸過故三明是
道塲无餘㝵故一念知一切法是道塲成就
一切智故如是善男子菩薩若應諸波羅蜜
教化衆生諸有所作舉足下足當知皆從道
塲來住於佛法矣說是法時五百天人皆發
阿耨多羅三藐三菩提心故我不任詣彼問
疾
佛告持世菩薩汝行詣維摩詰問疾持世白
佛言世尊我不堪任詣彼問疾所以者何憶
念我昔住於靜室時魔波旬從万二千天女

佛言世尊我不堪任詣彼問疾所以者何憶
念我昔住於靜室時魔波旬從万二千天女
狀如帝釋鼓樂絃歌來詣我所與其眷屬稽
首我足合掌恭敬於一面立我意謂是帝釋
而語之言善來憍尸迦雖福應有不當自恣
當觀五欲无常以求善本於身命財而脩堅法
即語我言正士受是万二千天女可備掃灑
我言憍尸迦无以此非法之物要我沙門釋
子此非我宜所言未訖時維摩詰來謂我言
非帝釋也是為魔來嬈固汝耳即語魔言是
諸女等可以與我如我應受魔即驚懼念維
摩詰將无惱我欲隱形去而不能隱盡其神
力亦不得去即聞空中聲曰波旬以女與之乃
可得去魔以畏故俛仰而與爾時維摩詰語

諸女言魔以汝等與我今汝皆當發阿耨多
羅三藐三菩提心即随所應而爲説法令發
道意復言汝等已發道意有法樂可以自
娯不應復樂五欲樂也天女即問何謂法樂
荅言樂常信佛樂欲聽法樂供養衆樂離五
欲樂觀五陰如怨賊樂觀四大如毒虵樂觀内
入如空聚樂随護道意樂饒益衆生樂敬養
師樂廣行布施樂堅持戒樂忍辱柔和樂勤
集善根樂禪定不亂樂離垢明慧樂廣菩提
心樂降伏衆魔樂斷諸煩惱樂淨佛國土樂
成就相好故脩諸功德樂莊嚴道場樂聞深
法不畏樂三脫門不樂非時樂近同學樂於非
同學中心无恚导樂將護惡知識樂近善知
識樂心喜清淨樂脩无量道品之法是爲菩

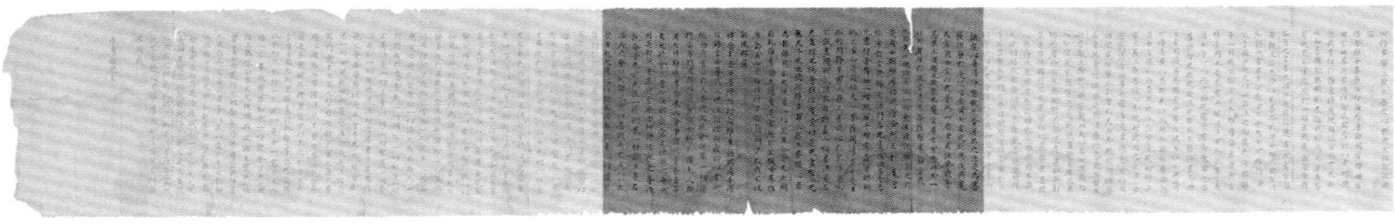

識樂心喜清淨樂脩无量道品之法是爲菩
薩法樂於是波旬告諸女言我欲與汝俱還
天宮諸女言以我等與此居士有法樂我等
甚樂不復樂五欲樂也魔言居士可捨此女一
切所有施於彼者是爲菩薩維摩詰言我
已捨矣汝便將去令一切衆生得法願具足於
是諸女問維摩詰我等云何止於魔宮
維摩詰言諸姊有法門名无盡燈汝等當學
无盡燈者譬如一燈然百千燈冥者皆明明
終不盡如是諸姊夫一菩薩開導百千衆生
令發阿耨多羅三藐三菩提心於其道意亦
不滅盡隨所說法而自增益一切善法是名
无盡燈也汝等雖住魔宮以是无盡燈令无
數天子天女發阿耨多羅三藐三菩提心者

示諸佛恩示大饒益一切衆生尒時天女頭
面礼維摩詰足隨魔還宮忽然不現世尊維
摩詰有如是自在神力智慧辯才故我不任
詣彼問疾
佛告長者子善得汝行詣維摩詰問疾善得
白佛言世尊我不堪任詣彼問疾所以者何
憶念我昔自於父舍設大施會供養一切沙
門婆羅門及諸外道貧窮下賤孤獨乞人期
滿七日時維摩詰来入會中謂我言長者子
夫大施會不當如汝所設當為法施之會何
用是財施會為我言居士何謂法施之會法
施會者无前无後一時供養一切衆生是名
法施之會曰何謂也謂以菩提起於慈心以救
衆生起大悲心以持正法起於喜心以攝智

法施之會曰何謂也謂以菩提起於慈心以救
衆生起大悲心以持正法起於喜心以攝智
慧行於捨心以攝慳貪起檀波羅蜜以化犯
戒起尸羅波羅蜜以无我法起羼提波羅蜜以
離身心相起毗梨耶波羅蜜以菩提相起
禪波羅蜜以一切智起般波羅蜜教化衆
生而起於空不捨有為法而起无相示現受
生而起无作護持正法起方便力以度衆生
起四攝法以敬事一切起除慢法於身命財
起三堅法於六念中起思念法於六和敬起質
直心正行善法起於淨命心淨歡喜起近賢
聖不憎惡人起調伏心以出家法起於深心以
如說行起於多聞以无諍法起空閑處起向
佛慧起於宴坐解衆生縛起脩行地以具相

如不住作士起福德業知一切衆生心念如
應説法起於智業知一切法不取不捨入一
相門起於慧業斷一切煩惱一切鄣㝵一切
不善法起一切善業以得一切智慧一切善
法起於一切助佛道法如是善男子是為法
施之會若菩薩住是施會者為大施主亦
為一切世間福田世尊維摩詰説是法時婆
羅門衆生二百人皆發阿耨多羅三藐三菩
提心我時心得清淨歎未曾有稽首礼維摩
詰足即解瓔珞價直百千以上之不肯取我
言居士願必納受隨意所與維摩詰乃受瓔
珞分作二分持一分施此會中一最下乞人
持一分奉彼難勝如來一切衆會皆見光明
國土難勝如來又見珠瓔在彼佛上變成四柱

國土雖勝如來又見珠瓔在彼佛上變成四柱
寶臺四面嚴飾不相鄣蔽時維摩詰現神變
已又作是言若施主等心施一最下乞人猶如
如來福田之相无所分別等于大悲不求果
報是則名曰具足法施城中一最下乞人見
是神力聞其所說發阿耨多羅三藐三菩提
心故我不任詣彼問疾如是諸菩薩各各向佛
說其本緣稱述維摩詰所言皆曰不任詣
彼問疾

維摩經卷上

BD01200　維摩詰所説經卷上

圖書在版編目（CIP）數據

中國國家圖書館藏敦煌文獻．第八〇册 / 中國國家圖書館編．—北京：國家圖書館出版社，2024.12

ISBN 978-7-5013-8031-2

Ⅰ．①中… Ⅱ．①中… Ⅲ．①敦煌學一文獻 Ⅳ．①K870.6

中國國家版本館 CIP 數據核字（2024）第 037644 號

書　　名	中國國家圖書館藏敦煌文獻·第八〇册
著　　者	中國國家圖書館　編
項目統籌	魏　崇　殷夢霞
責任編輯	黄　鑫　程魯潔　潘　竹　苗文葉
責任校對	劉　倩
出版發行	國家圖書館出版社（北京市西城區文津街 7 號　100034） （原書目文獻出版社　北京圖書館出版社） 010-66114536　63802249　nlcpress@nlc.cn（郵購）
網　　址	http://www. nlcpress. com
排版印裝	天津裕同印刷有限公司
版次印次	2024 年 12 月第 1 版　2024 年 12 月第 1 次印刷
開　　本	787 × 1092　1/8
印　　張	40.5
書　　號	ISBN 978-7-5013-8031-2
定　　價	2800.00 圓